PD
어떻게
되었을까
?

꿈을 이룬 사람들의 생생한 직업 이야기 24편
PD 어떻게 되었을까?

1판 1쇄 찍음 2020년 7월 28일
1판 3쇄 펴냄 2022년 1월 20일

펴낸곳	㈜캠퍼스멘토
저자	조재형
책임 편집	이동준 · ㈜엔투디
교정 · 교열	북커북
연구 · 기획	오승훈 · 이사라 · 박민아 · 국희진 · ㈜모야컴퍼니
디자인	㈜엔투디
마케팅	윤영재 · 이동준 · 임소영 · 김지수
교육운영	임철규 · 문태준 · 신숙진 · 이동훈 · 박홍수
관리	김동욱 · 지재우 · 이경태 · 최영혜 · 이석기
발행인	안광배

주소	서울시 서초구 강남대로 557 (잠원동, 성한빌딩) 9층 ㈜캠퍼스멘토
출판등록	제 2012-000207
구입문의	(02) 333-5966
팩스	(02) 3785-0901
홈페이지	http://www.campusmentor.org

ISBN 978-89-97826-44-5 (43570)

현직
PD들을
통해 알아보는
리얼 직업
이야기

PD

어떻게

How did they become
program directors?

되었을까?

CampusMentor
캠퍼스멘토

> **"도움을 주신
> PD들을
> 소개합니다"**

tvN 오원택 PD

- 현) CJ ENM tvN PD
- XtvN 〈최신유행 프로그램〉 시즌1, 2 연출
- tvN 월화드라마 〈시를 잊은 그대에게〉 공동 연출
- tvN 〈인생술집〉 연출
- tvN 〈SNL코리아〉 코너 연출
- tvN 〈롤러코스터〉, 〈화성인 바이러스〉, 〈더지니어스〉 등 조연출
- 서강대학교 신문방송학과 졸업

MBC 허진호 PD

- 현) MBC 콘텐츠협력센터 콘텐츠협력2부장
- 현) 〈신비한TV서프라이즈〉, 〈생방송 오늘저녁〉, 〈TV예술무대〉, 〈행복드림 로또 6/45〉 등 기획
- 〈PD수첩〉, 〈불만제로〉, 〈타임머신〉, 〈경찰청 사람들〉 등 연출
- 한국방송대상, 보건복지부 장관상, 여성가족부 장관상, 양성평등상, 대한민국청소년육성대상 등

EBS 김민태 PD

- 현) EBS 편성 프로듀서
- 〈모바일 육아학교〉 총괄 프로듀서, 〈다큐프라임〉 프로듀서, 취재 다큐 프로듀서
- 한국PD대상 '실험정신상', 'TV 교양부문 작품상' 등 수상
- 한국외국어대학교 영어과 졸업

와이낫미디어 이나은 PD

- 현) 프리랜서 작가
- MBC 크로스드라마 〈연애미수〉 극본
- 에세이 〈전지적 짝사랑 시점〉 출간
- 웹드라마 〈전지적 짝사랑 시점〉 전 시즌 연출/극본
- 와이낫미디어 PD&WRITER
- 서울시립대학교 국제관계학 전공

YTN사이언스 엄수경 PD

- 현) YTN사이언스 〈녹색의 꿈〉,
  〈호기심팩토리〉 PD
- YTN Life 〈해안누리길〉 VJ
- KBS1 〈도전! k스타트업〉 서브 PD
- YTN사이언스 〈헬스라이프〉 VJ
- YTN사이언스 〈인물포커스〉 AD
- EBS 학교교육기획부 AD
- 숙명여자대학교 소비자경제학과 졸업(경영학 부전공)

파울러스 정다훈 PD

- ㈜파울러스 디렉터 (2016 - 현재)
- 연세대학교 글로벌인재대학 문화미디어과
  겸임교수 (2019 - 현재)
- 한동대학교 콘텐츠융합디자인학부 강사 (2018)
- 메가박스 콘텐트기획팀 영상기획담당 (2015)
- 대한민국 공군본부 정훈공보실 미디어영상팀
  영상기획 / 공군 중위 (2012-2014)
- 연세대 커뮤니케이션 대학원 영상학 미디어아트
  졸업 (2010-2016)
- 한동대학교 산업디자인학부 졸업 (2006-2010)

이 책의 구성

Chapter 2

PD의 생생 경험담

Chapter 3

예비 PD 아카데미

PD,

어떻게
되었을까
?

PD(방송연출가)란?

PD는

라디오 혹은 텔레비전의 보도, 교양, 오락(예능, 드라마, 스포츠) 등의 프로그램 기획부터 촬영, 편집 등 제작 과정과 섭외, 예산에 이르기까지 방송 제작 전반을 총괄한다.

PD는 '영상으로 말하는 이야기꾼'이다. 등장인물과 대본, 촬영 앵글, 자막과 CG, 배경 음악과 효과음 등을 활용해 시청자를 프로그램에 몰입하게 만드는 사람들이다. PD는 대중에게 재미와 정보를 주는 콘텐츠 제작자인 '프로그램 디렉터'이자 방송을 제작하는 데 필요한 예산 확보와 편성, 제작팀 구성, 섭외와 제작 일정 관리를 총괄하는 '프로듀서'이기도 하다. 이와 같은 PD의 직업적 특성은 방송은 물론, 영상 콘텐츠 업계 전반에서 공통으로 드러난다.

출처: 워크넷>직업 · 진로>방송연출가, 감독 및 연출자

PD가 하는 일

1 PD는 라디오 또는 텔레비전의
프로그램을 기획하고 제작한다.

2 프로그램을 기획하고,
이에 적합한 방송작가와 제작진,
연기자를 선정한다.

3 제작진에게 프로그램의
계획을 설명하고, 구체적으로
프로그램을 구성한다.

4 완성된 대본을 평가하고 배역을 정하며,
의상, 무대 배경, 음악, 카메라 작업, 시간 배정 등을
결정하기 위해 제작진과 협의하고
제작에 참여하는 모든 사람들의 활동을 조정한다.

5 촬영 일정을 결정하고, 장소 섭외,
무대 배경 설치, 소품과 장비 준비 등을
지시하여 촬영과 녹화를 총지휘한다.

6 촬영본을 제작진과 함께 프리뷰(시사)하고,
정해진 편집 구성안에 따라 편집한다.

7 주어진 예산 한도 내에서 프로그램을 제작하기 위해
제작에 드는 예산과 지출을 검토, 조정한다.

출처: 커리어넷>직업정보>방송연출가

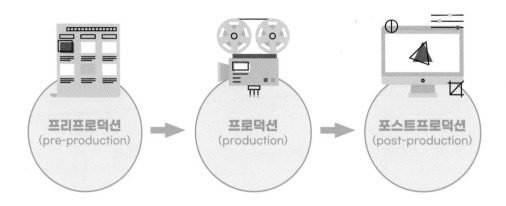

프리프로덕션
(pre-production)

프로덕션
(production)

포스트프로덕션
(post-production)

PD의 업무는 크게 '프리프로덕션(pre-production)', '프로덕션(production)', '포스트프로덕션 (post-production)'으로 나뉜다.

'**프리프로덕션**'은 '기획' 단계에 해당한다. 프로그램의 콘셉트 설정과 예산의 확보 및 편성, 출연진 과 제작진을 꾸리는 일, 촬영 장소 섭외, 제작 일정 조율 작업이 모두 프리프로덕션 단계에서 이루 어진다. PD가 시나리오작가, 스토리보드감독 등과 기획 회의에 몰두하는 시기이기도 하다.

기획을 마친 PD와 제작진은 촬영에 돌입한다. 이 단계가 바로 '**프로덕션**'이다. PD는 카메라감독 이나 조연출가 등의 스태프와 함께 촬영 현장에서 카메라의 위치, 구도 등을 결정하며 프로그램에 따라 직접 촬영에 투입되기도 한다. 기상 악화 등으로 촬영이 어려울 경우 장소를 변경하거나 재촬 영 일정을 잡는 등 촬영 계획을 적절히 변경할 수 있어야 한다. 드라마 PD는 작품에 넣을 수 있는 OK 컷을 확보할 때까지 촬영을 반복하기도 하는데, 그만큼 촬영은 고된 작업이다. PD는 특히 프로 덕션 단계에서 인력 관리에 신경을 써서 특정 스태프에게 업무가 편중되지 않도록 조절해야 한다. 또 카메라감독에 준하는 촬영 지식과 미적 감각을 갖춘 PD는 더 수월하게 촬영을 마칠 수 있다.

방송 프로그램은 '**포스트프로덕션**' 단계에서 완성된다. 흔히 말하는 편집, 후반 작업 단계에 해당 한다. 컷 편집부터 자막, CG, 배경음, 효과음을 적재적소에 활용해 프로그램을 완성하는 작업이다. 이때 프로그램 예고편도 제작한다.

PD의 구분

PD는 제작 프로그램의 장르와 소속 매체의 성격에 따라 구분할 수 있다.

여러 가지 PD의 구분

PD는 크게 TV PD와 라디오 PD로 구분되며, 제작 프로그램 장르에 따라 시사교양 PD, 드라마 PD, 예능 PD, 스포츠 PD, 뉴스 PD 등으로 구분할 수 있다. 이외에 방송 편성을 담당하는 편성 PD 등이 존재한다.

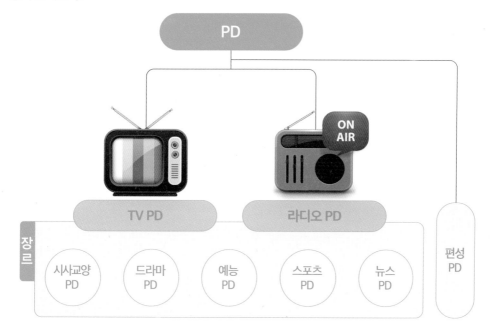

지상파 방송, 종합편성채널(종편), 케이블, IPTV 등 소속 방송국 분류에 따라 구분되기도 하며, 독립 프로덕션에 소속되거나 프리랜서로 활동하는 PD도 있다.

시사교양 PD

시사 프로그램, 탐사 보도, 교양, 다큐멘터리, 생활 정보, 문화 예술 정보, 토론, 유아·어린이 프로그램 등을 기획·총괄하는 PD이다. 시사 프로그램을 제작할 때는 특히 저널리스트의 자질이 요구되고, 다큐멘터리 PD는 치밀한 취재 능력과 이야기 구성 능력 등을 갖추어야 한다.

드라마 PD

단막극, 일일 연속극, 주말 연속극, 미니시리즈 등 등장인물들이 벌이는 갈등과 갈등의 해소를 이야기하는 드라마 콘텐츠를 기획·총괄하는 PD이다. 현실을 소재로 가상의 이야기를 만드는 직업이며, 사람 사는 이야기를 다루는 만큼 사람과 삶에 대한 관심이 요구된다.

예능 PD

버라이어티, 코미디, 가요 방송 등의 예능 프로그램을 제작해 시청자에게 웃음과 재미를 선사하는 PD이다. 타 분야보다 '창의성'이 더욱 강조되는 장르로, 최신 트렌드에도 밝을 필요가 있다. 현재 PD 지망생 사이에서 가장 인기 있는 분야이기도 하다.

라디오 PD

라디오 작가와 DJ, 엔지니어 등과 협업해 라디오 프로그램을 제작하는 PD를 말한다. 대부분 생방송으로 진행된다는 점이 특징이며, 라디오 PD는 청취자의 취향을 파악해 적합한 코너를 구성하고 음악을 선정한다. 청취자와 소통할 줄 아는 능력이 중요하다.

PD의 자격 요건

──○── 어떤 특성을 가진 사람들에게 적합할까? ──○──

- 방송연출가(프로듀서)는 창의력과 독창적인 아이디어가 있어야 하며 많은 사람을 지휘할 수 있는 통솔력과 위기 대처 능력이 있어야 한다.
- 다양한 정보에 대해 폭넓게 수용하는 태도가 필요하며 신체적인 건강과 원만한 대인관계가 요구된다.
- 진취형과 예술형의 흥미를 가진 사람에게 적합하며, 리더십, 적응성, 책임감 등의 성격을 가진 사람들에게 유리하다.

출처: 커리어넷>직업정보>방송연출가

PD와 관련된 특성

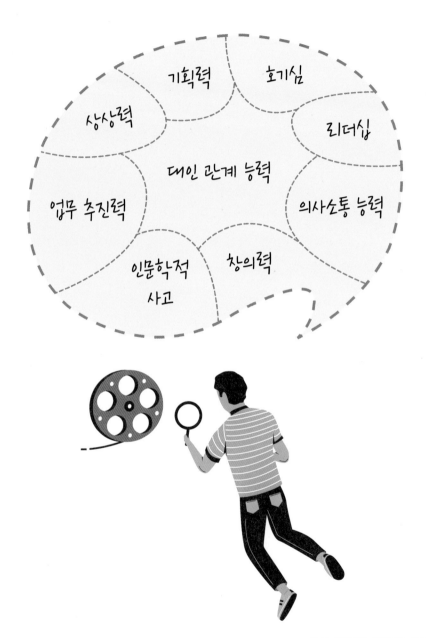

기획력

호기심

상상력

리더십

대인 관계 능력

업무 추진력

의사소통 능력

인문학적
사고

창의력

출처: 커리어넷>직업정보>방송연출가

Q "PD에게 필요한 <u>자격 요건</u>에는 어떤 것이 있을까요?"

**톡(Talk)!
허진호**

> ### 자기만의 가치관과 정보 전달 능력,
> ### 대중을 향한 봉사심이 필요합니다.

첫째, 자기만의 가치관을 가질 필요가 있어요. 그 가치관 속에 세상을 따뜻하게 바라보는 시선이 있으면 좋겠습니다. 방송을 통해, 프로그램을 통해 우리가 사는 세상을 좀 더 아름답게 만들 수 있다면 좋겠죠. 둘째로, 유능한 스토리텔러(이야기꾼)였으면 해요. PD는 영상과 음성으로 대중에게 정보를 전달하는 사람이므로, 시청자를 즐겁게 만들 줄 알아야겠죠. 마지막으로 대중을 향한 봉사심이 있었으면 합니다. 내가 만들고 싶은 프로그램을 제작하는 것도 중요하지만, 사람들이 보고 싶어 하는 것을 중심으로 만들어야 하기 때문이죠.

**톡(Talk)!
오원택**

> ### 주관과 경청이 중요하죠.

첫째는 '주관'이에요. PD에게는 다른 제작자들과는 다른 면이 필요해요. 그 차별점은 내 주관을 잘 찾아내고 유지하는 과정에서 생기고요. 둘째는 '경청'입니다. 나만의 주관이 있는 건 좋지만 너무 지나치면 대중적인 공감 포인트를 잃을 수 있어요. 콘텐츠에는 정답이 없어서 '내가 답이다'라고 생각하는 건 잘못이에요. 셋째는 '조화'예요. PD는 타인의 능력을 빌리는 직업이자 오케스트라의 지휘자입니다. 프로그램 관계자들이 역량을 잘 발휘하게 도울 줄 알아야 해요. 그래서 앞선 두 자질이 중요할 수밖에 없죠. 뚜렷한 주관이 있어야 누군가가 나를 따르고, 경청할 줄 알아야 그 누군가를 잘 따라오게 할 수 있으니까요.

좋은 질문을 잘할 줄 알아야 합니다.

PD의 최우선 덕목은 '기획력'입니다. 기획을 잘하려면 분야와 분야를 결합할 수 있는 통섭적 사고를 해야 하는데요, 통섭적 사고를 잘하려면 문제 해결 능력이 중요해요.

어떤 문제를 해결할 때는 '비판적 사고 능력'과 '의사소통 능력'이 필요합니다. 전자의 핵심은 '질문'이고, 질문을 잘 하려면 사람을 많이 만나야 하니 의사소통이 중요할 수밖에 없습니다. 예를 들어 어린이 유튜브 영상의 교육 효과를 진단하려면 영상 제작자, 엔지니어, 교육 전문가, 부모 같은 많은 사람을 만나 질문하고 이야기를 들어야 하겠죠?

다음은 '실행력'인데요, 방송 프로그램은 절대 혼자서 실행할 수 없습니다. PD는 프로그램을 만들기 위해 제작진을 움직여야 하죠. 사람들에게 일을 시켜야 하는 직업입니다. 사람의 마음을 잘 파악하고, 협업을 끌어내야 PD의 업무를 잘 해낼 수 있습니다.

잘 듣고 잘 보고 잘 결정해야 해요.

'소통'과 '관찰력' 그리고 '결단력'입니다. 많은 사람과 현장에서 함께 합을 맞추는 일이잖아요? 촬영 스태프, 배우와 융통성 있게 소통할 줄 알아야 좋은 작품이 나와요. 그리고 같은 장면을 봐도 남들과 다른 지점을 발견할 수 있는 관찰력이 필요하죠. 저는 일상의 여러 순간이 '촬영 앵글'로 보이거든요? 길을 걷거나 식사를 할 때 마주치는 장면을 관찰하다 보면 작품을 촬영할 때 반영되곤 해요. 마지막으로 현장은 수많은 변수의 연속이기 때문에 결단력이 중요할 수밖에 없습니다.

중재를 잘 할 수 있는 사람이어야 합니다.

연출력이나 기획력도 중요하지만 '사람 다루는 일'이 가장 중요합니다. 방송국은 제작 스태프가 변경될 때가 많습니다. 그래서 PD는 팀을 잘 조직한 다음, 역할을 알맞게 배분하는 신호등이 돼야 하죠. 안 그러면 불화가 생기니까요.

두 번째는 상황에 따른 '판단력'입니다. 사전에 조사한 것과 현장이 다르다면 촬영을 접을지, 내일 와서 다시 찍을지 빠르게 판단할 수 있어야 해요. PD가 못 정하면 제작진 전체가 더 고생하게 되거든요.

그 다음이 '기획력'이라고 생각합니다. 어떤 내용에 더 비중을 둘지 조율하면서 기획 의도를 프로그램에 잘 녹여내면 연출을 효과적으로 하는 데도 도움이 되기 때문이죠.

크게, 다양하게 봐야 해요.

첫째는 '큰 그림을 보는 것' 입니다. 영상은 인물, 음악, 스토리 등 다양한 사건과 요소가 결합하는 콘텐츠고 PD는 많은 사람을 지휘해야 하죠. 큰 틀에서 어떤 결과가 도출될지 예측할 수 있어야 합니다. 그래서 PD는 '사람이 원하는 것을 알아야' 합니다. 광고주나 소비자가 원하는 게 뭔지를 파악해야 하는데 이걸 놓치면 실패하는 거예요.

또한, PD는 '다양한 경험'을 쌓아야 합니다. 미디어의 경계가 무너지고 빠르게 융합되고 있어서 PD도 멀티플레이어가 될 수밖에 없어요. 다양한 분야에 관심을 두고 적극적으로 체험해볼 필요가 있습니다.

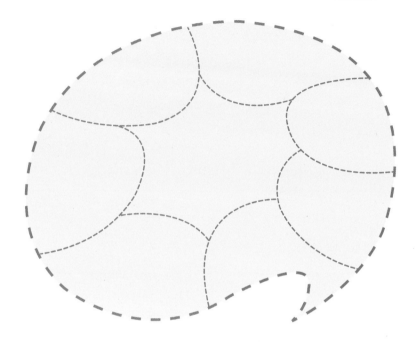

내가 생각하고 있는 PD의
자격 요건을 적어 보세요!

PD가 되는 과정

　전통적으로 PD 채용은 '서류 전형 → 필기시험 → 1차 면접 → 2차 면접 → 3차 면접'이라는 과정을 거친다. 그러나 최근 들어 방송국마다 제작 방향과 원하는 인재상이 세분화되면서 PD의 자질을 평가하는 기준도 다양해지고 있다. 2019년 주요 방송국 신입 PD 채용 과정을 살펴보면, MBC는 서류 전형을 실시하지 않았으며, SBS는 역량 면접 합격자를 대상으로 실무 평가를 실시한 뒤 인턴십을 진행하였다. CJ ENM은 첫 공채부터 지금까지 'PD 오디션'이라는 오디션 방식의 면접을 실시하고 있다. 또한, 방송국마다 인턴 기간을 두는 경향도 강해지고 있다.

① 2019년 MBC 신입 공개 채용 [시사교양, 예능 PD 선발 / 서류 전형 미실시]

1차 전형	2차 전형	3차 전형	4차 전형
필기시험 - 종합 교양 및 분야별 직무 지식 - 작문	**역량 면접**	**다면 심층 면접**	**최종 면접**

②2019년 SBS 신입 공개 채용 [교양, 예능, 드라마, 라디오(시사) PD 선발]

1차 전형	2차 전형	3차 전형	4차 전형	5차 전형
서류 전형	**필기시험**	**역량 면접**	**실무 평가**	**인턴십**

- 실무 평가: 3일간 출/퇴근하면서 실무 과제 수행
- 인턴십 종료 시점에 최종 면접 진행

③2019년 CJ ENM 신입 모집 [예능, 교양, 드라마, 애니메이션 더빙 연출, 디지털 콘텐츠 제작 PD 선발]

1차 전형	2차 전형	3차 전형	4차 전형	5차 전형
서류 전형	**TEST(필기/인·적성)**	**PD 오디션**	**기획 미션**	**인턴십/2차 면접**

1 서류 전형

- 일부 방송국이 서류 전형을 폐지하거나 블라인드 채용 방식을 도입하고 이력서에 학력 기재란을 삭제하는 등 학벌 대신 실무형 인재를 선발하려는 노력을 계속하고 있다. 그러나 지상파 3사(KBS, MBC, SBS)와 종합편성채널 등 주요 케이블 방송사의 PD 합격자는 여전히 4년제 대학 졸업자들이 많은 비중을 차지하고 있다.
- 이력서에는 기본 인적 사항과 공인 어학 시험 점수, 학내·대외 활동 경험을 기재한다. KBS는 PD, 기자, 아나운서 직군 등의 지원자에 KBS한국어능력시험 점수를 요구한다. 자기 소개서에는 지원 동기와 성격, 가치관, 지원자가 쌓은 경험과 PD 직무의 연관성 등을 적는다. 자기 소개서 문항이나 양식은 방송국마다 다르다.
- 실무형 인재를 선호하는 분위기에 맞춰 방송 제작, 콘텐츠 제작과 관련된 경험이나 결과물을 포트폴리오로 정리해 첨부하는 방법도 좋다.

2 필기시험

- 대개 서류 전형 합격자를 대상으로 진행하며, 시사 교양 및 직무 지식 시험과 글쓰기 시험을 실시한다. 시사 교양 및 직무 지식 시험은 채용이 진행되는 시점 혹은 전년도에 주목받은 인문·사회·과학·문화 용어 등이 문항으로 제시되며, 이에 대해 약술하면 된다.
- 일부 방송국은 필기시험과 동시에 인·적성 검사나 자체 채용 테스트를 실시한다.
- 글쓰기 시험은 논술과 작문을 보게 되는데, 방송국마다 논술·작문을 동시에 진행하거나 지원한 직무에 따라 시사교양 PD는 논술, 예능·드라마 PD는 작문으로 나눠 시험을 보기도 한다. 출제되는 주제는 굉장히 다양하며, 대입 논술시험과 유사하지만 더욱 통찰력 있고 기승전결이 뚜렷한 답안을 요구한다.

- 논술은 자신만의 관점을 논리적으로 이어가는 것이 중요하다. 문제점을 심도 있게 분석하고 기승전결을 갖출 수 있어야 한다.

  ex) 수시(학생부 종합 전형)와 정시 중 한국 대학 입시의 문제점 혹은 부작용을 줄일 수 있는 쪽은 어디인지 각자의 생각을 논하라.

- 작문 시험을 보는 이유는 제시되는 소재가 PD가 만들 프로그램의 소재가 될 수 있기 때문이다. 문제가 구체적으로 출제되기도 하지만 'AI', '봄', '축제' 같이 논술 시험보다 추상적인 단어가 제시되기도 한다. 논리적 일관성, 분석력 등을 알아보는 논술과 달리 편지, 대본, 시나리오 같이 참신한 형식을 요구할 때도 있다.

- PD 시험을 준비할 때 시사교양 지식과 논술·작문을 따로 대비하는 경우가 많은데, 논술과 작문에 집중해 준비하면 시사교양 지식을 자연스럽게 습득할 수 있다. 또, 어릴 때부터 다양한 분야의 책을 읽어두는 편이 유리하다.

- 방송국마다 필기시험 스타일과 주제가 다양하니 기출문제를 토대로 예상 문제를 설정해 꾸준히 글을 써보는 과정이 중요하다.

3 면접 전형

- PD 면접은 지원자의 실무 역량을 평가하는 '실무(역량) 면접'과 성향과 가치관 등을 평가하는 '심층 면접'으로 나뉜다. 실무 면접 시 현직 PD들이 면접관으로 참석해 희망하는 분야, 해당 방송국 프로그램에 관련한 질문, 제작하고 싶은 프로그램 등을 묻는다.

- 면접을 대비하기 위해서는 작성한 자기 소개서를 꼼꼼히 검토하고, 스스로 예상 질문지를 만들어 반복적으로 연습하는 것이 좋다.

4 인턴십

- 최근 몇 년 동안 방송국이 PD 인턴십을 운용하는 경향이 뚜렷해지고 있다. 인턴 기간 예비 PD들은 특정 프로그램 제작팀에 배치돼 PD로서 기본 소양을 쌓는다. 이 기간이 끝나면 최종 면접을 거쳐 정식 PD로 채용되며, 일부는 탈락의 고배를 맛보기도 한다.
- 인턴십은 지원자들의 제작 실무 능력과 조직원 간 협업 능력 등을 평가하는 과정이다. 인턴을 거치면서 지원자들도 자신이 PD에 적합한 사람인지, 상상하던 PD의 모습과 PD 실무 사이 무엇이 같고 다른지 등 적성을 점검해볼 수 있다.

5 기타 채용 트렌드

- 방송국 스타일에 따라 채용 전형도 다양해지는 추세다.
- 디지털·모바일 콘텐츠가 인기를 끌면서 방송국이 선발하는 PD도 다양해지고 있다. 공개채용이나 수시채용을 통해 방송국의 모바일 콘텐츠를 제작하는 PD를 선발하며, 스튜디오 룰루랄라나 스튜디오 드래곤, SBS 모비딕 등 방송국이 운영하는 디지털 스튜디오도 자체 모바일 콘텐츠 제작 PD를 채용하는 흐름이 짙어지고 있다.
- CJ ENM처럼 인·적성 검사를 진행하는 곳도 있다.

PD를 준비하려면?

1 정규 교육 과정

- PD(방송연출가)가 되기 위해서 필요한 학력, 전공의 제한은 없으나 대학교에서 신문방송학, 연극영화학, 영상예술학, 방송영상학 등을 전공하면 관련 직무 지식을 쌓고 취업에 필요한 정보를 획득하는 데 유리하다.
- 대학교의 신문방송학과, 미디어커뮤니케이션학과에서는 커뮤니케이션에 대한 이해와 미디어 이론, 실무 능력을 익힐 수 있다.

2 직업 훈련

- 주요 방송국이 운영하는 방송 아카데미나 방송 관련 사설 교육 기관에서 방송연출가가 되기 위한 교육과 훈련을 받을 수 있다.
- PD로 취업하기 위해 한겨레교육문화센터 등이 개설하는 언론·방송사 준비반에서 PD 합격에 필요한 훈련을 받을 수 있다.

3 관련 자격증

- 특별히 요구되는 국가 공인 자격증은 없지만, 주요 지상파 방송국 등이 서류 전형에서 공인 영어 성적(토익, 토플, 영어 말하기 시험 등) 제출을 요구한다. 또 KBS에 입사 지원할 경우, KBS한국어능력시험 성적을 필수적으로 제출해야 한다.

PD의 좋은 점 · 힘든 점

톡(Talk)!
허진호

| 좋은 점 |
예리한 시선을 유지할 수 있어요.

'세상을 입체적으로 바라볼 수 있는 눈'이 생겼다는 점이 가장 좋아요. PD가 된 지 제법 시간이 흘렀지만 뇌가 녹슬지 않고 여전히 예리한 상태라는 점은 굉장히 고마운 일입니다. 오픈 마인드를 갖게 되면서 모르는 사람들과 대화가 두렵지 않고 막히지 않는다는 점도 좋죠.

톡(Talk)!
김민태

| 좋은 점 |
많은 사람에게 '의미'를 남길 수 있어요.

우선, 자신만의 프로젝트를 능동적으로 진행할 수 있다는 게 장점입니다. PD는 한 장의 기획안을 들고 큰 그림을 그리는 사람이니만큼 권한이 많아요. 제작비에 대한 예산권을 가지고, 스태프에 대한 인사권을 행사하기도 하죠. 프로그램을 만드는 데 필요한 사실상 모든 권한을 가지고 있는 셈이에요. 직업인으로 예를 들자면, 기업 CEO와 유사할 수 있겠네요.

또, 만들어진 프로그램이 많은 대중에게, 혹은 방송이 꼭 필요한 분들에게 '의미'를 남겼을 때 느끼는 보람도 장점이죠. 예능이라면 웃음과 재미가, 다큐멘터리라면 몰랐던 진실이 그 '의미'겠네요. 시청자가 내 프로그램을 보고 좋아할 때, 좋은 반응을 보여줄 때 PD로서 성취감을 느껴요. 자존감도 높아지고요.

톡(Talk)!
오원택

| 좋은 점 |
내 성과가 정직하게 드러납니다.

'정직'이 매력입니다. PD의 가치는 콘텐츠에 대한 대중의 평가로 결정되니까요. 성취를 평가하는 기준이 뚜렷하고 정직한 셈이죠. 정직한 평가 기준이 있으면 결과에 승복할 수 있어요. 요령이나 편법도 적게 부리게 되고요.

자기 주도적인 삶을 살 수 있다는 장점도 있어요. 회사원의 업무에는 수동적인 일이 많잖아요? PD는 목표를 직접 설정하고 그것을 달성하기 위한 과정을 능동적으로 설정할 수 있어요. 일의 노예가 아닌 주인이 되는 기분이죠.

또, 내 콘텐츠를 한 번도 본 적 없는 타인이 봤다는 데서 오는 희열이 있습니다. 방송은 전국에 유통되는 콘텐츠라 잘되면 전 국민이 아는 흥행 콘텐츠가 되기도 해요. 영향력 있는 프로그램을 통해 내가 전하고 싶은 메시지를 세상에 전할 수 있다는 게 큰 매력입니다.

톡(Talk)!
엄수경

| 좋은 점 |
일을 통해 공부할 수 있어요.

저는 매일 똑같은 일을 하는 것보다 일을 통해 무언가를 배울 때 보람을 느끼는데 PD는 그게 가능한 직업이에요. 시청자에게 메시지를 전달하기 위해 스스로 철저히 조사해야 하니까요.

톡(Talk)!
이나은

| 좋은 점 |
상상을 현실로 만들 수 있어요.

세상에는 수많은 창작자가 있는데 저는 영상으로 콘텐츠를 만들 때 더 큰 쾌감을 느끼는 창작자거든요. 상상을 현실로, 영상으로 이뤄낼 때 뿌듯하고 좋습니다

웹드라마 PD라 좋은 점도 있어요. 영화감독처럼 작품 하나를 내놓는 데 오랜 시간이 걸리지 않아서 댓글 반응을 실시간으로 체크하면서 피드백할 수 있거든요.

PD에게는 도움이 되는 포인트예요. PD는 예술가와 달리 대중의 요구를 반영하며 변화하고 성장해야 하거든요.

톡(Talk)!
정다훈

| 좋은 점 |
매번 새롭게 일하고 새롭게 배웁니다.

매번 새로운 프로젝트를 진행하는 게 힘들면서도 매력적이에요. 비교적 어린 나이에 리더십을 발휘할 수 있는 직업이기도 하죠.

미디어 트렌드나 기술이 빠르게 바뀌어서 새로운 제작 방식을 보면 그걸 따라 하고 있는 나를 발견하기도 해요. 새로운 방식을 공부해서 도전하기를 반복하는 거죠.

톡(Talk)!
허진호

| 힘든 점 |
많은 사람을 책임져야 하는 자리예요.

　책임져야 하는 자리라는 점은 힘듭니다. PD가 한번 잘못된 판단을 내리면 수많은 사람에게 영향을 줄 수 있으니까요. 또, 옛날이야기지만 입사 초반에는 방송일을 맞춘다고 밤새우면서 작업하는 게 육체적으로 아주 힘들었습니다.

　요즘 후배들은 선배들과 의견 차이가 생기는 걸 힘들어하는 것 같아요. 저희 세대가 소위 '꼰대'가 되어가는 거죠. 후배 PD들은 저희와 다른 세상을 살다가 방송국에 온 사람들입니다. 그들은 선배들이 자신들의 관점을 잘 인정하지 않고 관행대로 따라오라고 하는 걸 힘들어하는 것 같더라고요.

톡(Talk)!
오원택

| 힘든 점 |
일과 삶의 경계가 흐려요.

　장점이 단점이 될 때가 있죠. 꾸준히 능동적으로 생각하고 움직여야 해서 쉴 틈이 없어요. 내가 고민하고 움직인 만큼, 노력한 만큼 결과를 얻기 때문에 진검승부를 하러 올라가는 듯한 긴장을 항상 느끼며 살아갑니다. 일과 삶의 구분이 없어요.

| 힘든 점 |
큰 책임이 스트레스가 될 수도 있어요.

'좋은 점'에서 CEO와 유사한 자리라고 말씀드렸는데, 사장이 결코 좋기만 한 자리는 아니잖아요. 일 안 하고 놀기만 하면 사업이 망할 테니까요. PD는 누가 시켜서 일하는 직업이 아니에요. 만들고 싶은 방송을 만들어 결과로 책임을 지죠. 필요에 따라 야근을 할 수도 있고, 주말에 일할 때도 있어요. 책임감이 강할 수밖에 없는 구조죠. 이런 데서 스트레스를 많이 받는 분들에게는 어려운 직업입니다.

| 힘든 점 |
많은 고민이 힘들 때도 있어요.

조사하는 일은 즐겁지만, 내가 조사한 걸 어떻게 보여줄 건지는 항상 고민이 되죠. 주 시청자인 중학생이 이해할 수 있도록 프로그램을 만들어야 하니까요. 내가 충분히 이해하지 못한 상황이라도 여러 방법을 동원해 중학생에게 이해시켜야 합니다. 그래서 어떤 사례를 들고, 그래픽은 어떻게 넣을 건지 회의를 더 구체적으로 진행해요. 그런 시간이 정말 재밌는데, 동시에 힘들 때도 있죠.

| 힘든 점 |
차기작에 대한 부담이 있어요.

첫 작품인 <전지적 짝사랑 시점>이 흥행한 웹드라마가 됐잖아요? 운이 정말 좋았던 것 같아요. 제작할 당시는 별생각이 없었는데 시즌이 끝난 뒤 고민이 많아졌습니다. '전짝시'를 제작할 때는 저도 대학생이었고, 생생하게 경험을 떠올리고 담아낼 수 있었어요. 시청자들과 공감하기도 유리했죠. 하지만 저도 나이가 들고 생각이 변화하고 있어서 변화하는 내 모습대로 글을 썼을 때 시청자들이 공감할 수 있을지 두렵기도 해요. 시청자의 평가는 냉정하니까요. 한계가 올 수도 있다는 고민이 들어요. 아마 창작자들이 평생 느낄 고민이겠죠?

| 힘든 점 |
좋은 점이 다시 힘든 점이 되기도 해요.

비교적 어린 나이에 리더십을 발휘하는 일이라 기회면서 동시에 힘들게 느껴지는 날이 있을 수밖에 없습니다. 책임감에 대한 압박이 존재하고요.

또, 새로운 트렌드나 기술, 새로운 제작 방식을 보면 그걸 무의식적으로 모방하고 따라 하는데, 새로운 방식을 공부해서 도전하는 건 의미 있지만 그 방식을 나만의 것으로 완성시키는 과정은 어렵습니다.

PD 종사 현황

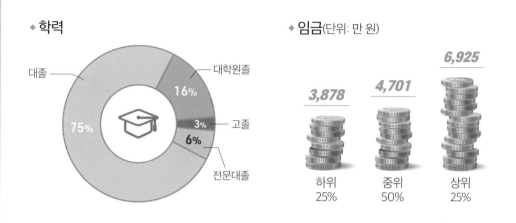

◆ 학력

대졸 75%
대학원졸 16%
고졸 3%
전문대졸 6%

◆ 임금(단위: 만 원)

하위 25% — 3,878
중위 50% — 4,701
상위 25% — 6,925

◆ 전공학과분포(조사년도: 2019년)

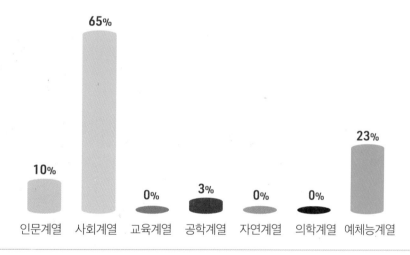

인문계열 10%
사회계열 65%
교육계열 0%
공학계열 3%
자연계열 0%
의학계열 0%
예체능계열 23%

2018년 12월 말 기준, 방송 PD 직종 종사자 수는 지상파, 유선방송, 홈쇼핑 등을 합해 4,921명으로 약 5%가 비정규직이다. 상당수 프로그램이 외주제작으로 전환되는 추세로 방송국 소속이 아닌 외주제작사의 PD를 중심으로 고용이 나타나고 있으며, 영상물 유통이 방송 송출 중심에서 유튜브 등 인터넷 유통 채널로 중심축이 이동함에 따라 1인 미디어 영역에서 일자리 증가가 커질 전망이다.

출처: 사람인 자료통>직업사전>방송연출가
2019 방송산업 실태조사 보고서

CHAPTER

| 2 |

PD의

생생
경험담

미리 보는 PD들의 커리어패스

MBC **허진호 PD**

영남대학교
경제학과 졸업

KBS 입사
→ MBC로 이직

tvN **오원택 PD**

서강대학교
신문방송학과
졸업

오마이뉴스 기획팀 근무
(앱 기획)

EBS **김민태 PD**

한국외국어대학교
영어과 졸업

EBS 입사
→ 취재 다큐 프로듀서

와이낫미디어 **이나은 PD**

서울시립대학교
국제관계학과
졸업

와이낫미디어
창립 멤버로 입사

YTN사이언스 **엄수경 PD**

숙명여대
소비자경제학과
졸업

EBS 학교교육기획부 AD

파울러스 **정다훈 PD**

한동대학교
산업디자인학부
졸업

공군본부 정훈공보실
미디어영상팀 입대

연세대 언론홍보대학원
석사

각종 교양, 예능
프로그램 연출
→ 차장, 부장 승진

현) MBC 콘텐츠협력센터
2부장

CJ ENM tvN 입사
→ tvN 조연출(롤러코스터,
더 지니어스 등)

코너 연출
(SNL코리아 등)

현) 메인 연출(인생술집,
최신유행 프로그램1, 2)

다큐프라임 프로듀서

모바일 육아학교
총괄 프로듀서

현) EBS 편성 프로듀서

PD와 WRITER 직무 겸임

웹드라마 전지적 짝사랑
시점 연출/극본

현) 프리랜서 작가

YTN사이언스 AD

현) YTN사이언스 PD
- 프리랜서로 활동

영상학 미디어아트
석사 졸업

메가박스
콘텐트기획팀 입사

현) 파울러스 공동창립

전형적인 모범생이었던 그에게 PD를 시작한 날은 고민의 시작이기도 했다. 대인관계를 맺는 일이 부담으로 다가왔고, 뇌리에는 '적성에 맞지 않는다'는 생각이 10년이나 머물렀다. 그러나 역지사지의 가치를 깨닫게 되면서 허진호 PD의 인생도 바뀌었다. 인터뷰를 위해 상암동에서 만난 허진호 PD는 누구보다도 사람을 편하게 만들어주는 매력을 가지고 있었다. 드라마틱한 성격의 변화를 그는 'PD가 준 선물'이라고 말한다.

20년 넘게 MBC에서 교양PD로 일하며 <PD수첩>, <경찰청 사람들>, <불만제로> 같은 굵직한 시사교양 프로그램을 제작했다. 5년 전까지 연출자로서 제작에 몰두했던 그는 현재 프로듀서로서 방송 프로그램 제작과 관리를 담당하고 있으며, 방송가와 PD를 꿈꾸는 청년들에게 다정한 상담자로서 조언을 아끼지 않고 있다.

MBC
허진호 PD

현) MBC 콘텐츠협력센터 콘텐츠협력2부장
현) <신비한TV서프라이즈>, <생방송 오늘저녁>,
　　<TV예술무대>, <행복드림 로또 6/45> 등 기획

경력
- <PD수첩>, <불만제로>, <타임머신>,
　<경찰청사람들> 등 연출

수상
- 한국방송대상, 보건복지부 장관상, 여성가족부 장관상,
　양성평등상, 대한민국청소년육성대상 등

PD의 스케줄

허진호 PD의 하루

* '생방송 오늘저녁' 생방송 당일 교양PD의 하루입니다

07:00 ~ 09:00
▶ 출근
▶ 편집본 확인 및 대본점검
09:00 ~ 11:00
▶ 큐시트 작성
▶ 스튜디오 대본 확인

20:00 ~
▶ 저녁 식사
▶ 퇴근

17:00 ~ 18:30
▶ 생방송 리허설, 최종점검
18:30 ~ 19:30
▶ 생방송
19:30 ~ 20:00
▶ 리뷰 회의

11:00 ~ 13:00
▶ 최종 대본 확인
  및 자막 준비
▶ 점심식사

16:00 ~ 17:00
▶ 최종 시사(방송 심의
  사항 확인)
17:00 ~ 18:00
▶ 스튜디오 체크 및
  MC 미팅

13:00 ~ 14:30
▶ 성우 더빙
14:30 ~ 16:00
▶ 종합 편집

계획대로
되는 것은
없었지만

▶ 1976년 초등학교 2학년 때 떠난
불국사 가족 나들이

▶ 1987년 영자신문사 동기 및 선배
(가운데 오른쪽이 나)

▶ 1995년 KBS신입사원연수(맨 앞 가운데가 나)

▶ 1996년 자연다큐 <황새> 러시아 촬영

Question 학창 시절에는 어떤 학생이었나요?

전형적인 모범생이었어요. 학교에서 하지 말라는 건 절대 안 해서 한편으로는 수동적인 학생이었죠. 그때는 당연하다고 생각했기 때문에 초·중·고 학창 시절을 무난하게 보냈던 것 같습니다. 하지만 무난한 만큼 스스로 무언가를 하지 못하는 나약한 존재가 되어가고 있었어요. 그걸 대학생이 될 때쯤 깨달았죠.

Question 학창 시절, 변화의 계기가 있었나요?

저는 '학력고사'라는 대입 시험을 봤는데요, 서울대의 원하는 학과를 들어갈 수 있을 정도로 점수가 잘 나왔어요. 하지만 인생이 마음대로 풀리지는 않더라고요. 집에 안 좋은 일이 생겼어요. 제가 대학생이 되려면 전액 장학금에, 등록금 외로 장학금을 더 받아서 생활비를 충당해야 했습니다. 가정을 부양해야 했어요. 결과적으로 지방대에 진학하게 됐죠.

이 순간이 제가 변화하게 된 큰 계기가 됐습니다. 그때 서울대에 입학했다면 더 공부해서 교수가 되거나 흔히 말하는 사회적 성공을 이뤘을지도 모르겠어요. 하지만 좁은 우물 안에서 한 발짝도 나가지 못했을 겁니다. 대학에 들어간 그 순간부터 내면이 성숙해지고 능동적인 사람으로 변화하기 시작했죠.

PD님의 대학 생활은 어땠나요?

당시는 학생운동을 많이 할 시기였어요. 우리 대학교에서 5.18 광주 민주화 운동 사진전을 했었는데, 우연히 본 사진이 너무 충격적이었어요. 내가 안정적이라고 믿고 살아왔던 한국 사회의 전혀 다른 현실이 눈앞에 놓여 있는 거예요. 너무 비극적이었죠.

그러다 교내 영자신문사에 가입하게 됐습니다. 타임지 영문판을 복사해서 부원들끼리 한 단락 씩 번역하는 연습을 1년 동안 했어요. 번역한 내용을 각자 읽으며 토론하는데, 내 주장을 만들고 남을 설득하는 훈련을 할 수 있었습니다. PD에게 필요한 사고방식과 뇌 구조를 만들 수 있었어요. 실무적으로도 좋은 경험이었고요.

또, 대학에서 정말 다양한 친구들을 만났습니다. 우리 집의 사회적인 위치를 새삼 깨닫고 현실을 인식하면서 주위 사람들에게 나를 솔직하게 열어 보일 수 있었던 시기였어요. 그 당시 만난 친구들은 지금까지도 귀중한 자산이에요.

Question **PD라는 직업을 선택하게 된 계기가 궁금합니다.**

대학생 시절만 해도 교수가 되고 싶었고, 하버드 대학원으로 유학을 떠나겠다는 계획을 하고 있었어요. 그런데 계획대로 되는 일이 없었습니다. 장학금을 받고 유학을 가기 힘든 상황이 됐고, 5년 정도 돈을 벌어 모자란 학비를 마련하기로 계획을 수정했죠.

그때 영자신문사 2년 선배가 KBS PD가 됐습니다. 신기하기도 하고, 한번 해보고 싶다는 마음이 들어 저도 PD 시험을 준비했어요. 평소에 시사나 상식을 찾아보고 공부하는 걸 좋아했고, 영어를 잘하는 편이었어요. 그때는 영어를 잘하면 가산점이 많이 붙을 때라 비교적 쉽게 합격할 수 있었습니다. PD는 꽤 멋있는 일이었어요. 다른 사람들이 많이 부러워하기도 했고 인터뷰 요청도 꽤 받았었죠. 가끔은 신분 상승한 기분이 들기도 했습니다.

계획에 없던 PD라는 직업이 힘들지는 않았나요?

PD가 뭔지 잘 모르는 채로 일을 시작했기 때문에 고민이 빨리 찾아왔습니다. PD는 나와 안 맞는 사람과 만날 수밖에 없는 직업이에요. 그런데 저는 대인관계를 맺는 데 부담을 느끼는 사람이었습니다. '적성에 맞지 않는다'는 생각을 10년 정도 했죠. 그사이 방송에서 벗어나고 싶다는 부정적인 생각도 들었어요. 일은 열심히 했고 좋은 결과물도 나왔지만, 마음속에는 항상 내게 맞는 직업인지 고민이 많았습니다.

10년을 고민하면서 내린 결론은 '다른 사람 입장이 되어보자'는 것이었어요. 촬영을 예로 들면, PD는 기획안을 만드는 데 며칠을 투자하지만, 촬영감독은 그 기획안을 촬영일 아침에 확인하거든요? 촬영감독이 PD의 욕심만큼 기획안을 이해할 수 없죠. PD가 구체적인 가이드라인을 줘야 합니다. 제작 전반에 걸쳐서 이런 노력이 필수예요.

이걸 깨닫기 전에는 '저 사람은 왜 이렇게 태만하게 일하지?' 하는 생각을 자주 했어요. 늦게나마 타인의 입장으로 생각하기 시작하면서 스태프들과 관계를 개선할 수 있었습니다. 회사 생활도 즐거워졌죠.

PD는 남을 함부로 평가하면 안 됩니다. 사람과의 관계를 중시하고, 타인을 배려하고 인격체로 대할 줄 알아야 하죠. 그를 통해 개개인의 장점을 끌어내야 하고요. 이런 성격을 갖고 있다면 좋고, 없다면 지금부터 키워보기를 바랍니다.

PD는 어떤 사람인가요?

PD는 프로그램 아이디어를 구체적으로 기획해 계획을 세우고, 예산을 받아 스태프를 구성한 뒤 촬영, 편집을 거쳐 방송을 내보내고 결과를 정산하는 모든 과정을 책임지는 사람입니다. 보통 PD 하면 촬영장에서 '큐' 사인을 내리는 모습과 결과물인 '프로그램'만 보게 되는데요, 프로그램을 하나 제작하기까지 수많은 과정이 필요한데, PD는 그 과정 모두의 리더 역할을 하는 자리입니다.

Question **PD가 되려면 어떤 과정을 거쳐야 하나요?**

방송국 PD 시험은 크게 다섯 단계로 구분됩니다. 첫 단계는 이력서와 자기 소개서로 평가하는 '서류전형'입니다. 자기 소개서가 매우 중요해요. 지원자의 경험과 그 경험을 통해 어떤 자극을 받았는지, 그 자극이 나를 어떻게 변화시켰는지 드러나야 합니다. 다음 단계는 '필기시험'으로 종합 상식, 영어, 국어 시험을 봅니다.

면접은 세 차례로 구분되는데요. 1차는 방송국 부장·국장급이 면접관으로 나오는 '실무 면접'이고, 여기서 통과한 지원자들을 모아 하루나 1박 2일에 걸쳐 '역량 평가'를 실시합니다. 프로젝트를 던져 주고 해결하는 과정을 통해 지원자를 다방면으로 검증하게 되죠. 역량 평가 합격자들은 최종적으로 '임원 면접'을 통과하면 PD로 입사할 수 있습니다.

가장 어려울 수밖에 없는 과정은 역시 '면접'인데요. 지원자들은 면접을 통해 자신이 누구인지 효과적으로 드러내야 합니다. 능력이나 실력도 보여줘야 하지만 '됨됨이'도 어필할 수 있어야 하죠. 면접관들은 지원자가 '직업인'으로서 소양을 갖췄는지, '조직원'으로서 같이 일할 수 있는 사람인지를 함께 평가합니다. 그런데 지원자들은 직업인인 PD가 되고 싶다는 생각을 많이 하지 조직원이 된다는 생각은 상대적으로 잘 안 해요. 이런 부분을 잘 고민해서 답변을 준비하는 게 좋습니다.

고민과 함께
성장하다

▶ 1998 <임성훈입니다> 출연

▶ 2005년 연세대 언론홍보대학원 졸업

▶ 2005년 <타임머신> 촬영

▶ 2008년 <PD수첩> 녹화직전 송일준 선배와

PD를 하면서 가장 기억에 남는 일은?

1996년 <황새>라는 자연 다큐멘터리를 촬영한 적이 있어요. 러시아로 촬영을 떠났는데 현지에서 만난 어린이들 생각이 아직도 생생합니다. 촬영 중에 미국 단체관광객을 만났어요. 하루는 그 분들이 러시아 고아원으로 이동했는데, 그 곳에는 10~12세 정도 되는 가난한 아이들이 정말 많았습니다. 알고 보니 이 분들이 선생님들이었더라고요. 교육프로그램을 준비해서 고아원 아이들과 게임도 하고 재밌는 율동도 알려줬어요. 아이들이 처음 보는 하트 모양 손짓을 알려주니까 재밌게 따라 하기도 했죠.

아이들 중 덩치가 크고 대장 노릇을 하는 친구가 있었는데, 이 아이가 갑자기 악기를 든 선생님과 같이 왔어요. 연주가 시작되자 아이는 옆에 있던 여자 아이의 손을 잡고 왈츠를 추기 시작했죠. 아이들도 자기들 문화를 자랑하고 싶었던 거예요. 그 장면이 참 멋있었습니다. 아이들이 만든 요리로 식사도 맛있게 했고 이제 헤어질 시간이 됐는데, 한 여자 아이가 제게 가장 아끼는 인형을 선물로 줬어요. 아이들이 헤어지고 싶지 않아서 버스에 매달리기 시작하는데 다들 울컥했습니다. 비가 부슬부슬 내리고 있어서 아이들이 감기에 걸릴까봐 선생님들은 눈물을 참으며 계속 들어가라고 손짓했죠.

버스가 출발하는데, 그 어떤 영화 못잖은 장면이 펼쳐졌습니다. 아까 그 대장 아이가 머리 위로 하트를 그리고 다른 아이들이 모두 그 동작을 따라했어요. 선생님들은 울기 시작했고 저도 마음이 찡해졌습니다. 유턴해야했던 코스라 5분 뒤 버스가 고아원 앞을 다시 지나는데 그때까지도 아이들이 비를 맞으며 하트를 그리고 있었어요. 정말 순수하고 감동적이었고, 평생 잊지 못하는 장면이었습니다. 그날 저는 인간의 순수함, 숭고함을 담는 PD가 돼야겠다고 생각했죠.

    <경찰청 사람들>이라는 프로그램 조연출일 때 일이에요. 한 사기 사건의 재연 장면을 촬영하고 있었는데, 촬영 도중에 범인이 잡혔습니다. 범인 인터뷰를 하기 위해 경찰서로 뛰어갔는데, 그때 제 '착한 사람 콤플렉스'가 발동해버렸어요. 호칭을 정중하게 한 거죠. 포승줄에 묶인 중년의 범인에게 "선생님, 어떻게 하다가 그렇게 실수하게 되셨는지요?" 라고 질문해버렸어요. 나쁜 사기꾼이 그런 질문에 대답을 잘 해줬겠어요? 그날 선배에 게 정말 많이 혼났고, 정신이 번쩍 들었습니다. 좋은 사람인 체한다고 PD의 임무를 망각 했다는 걸 깨달았죠. 너무 부끄러웠어요.

    그날 이후 처음 만나는 사람에게 어떤 표정을 지어야 할지 고민하기 시작했습니다. 주변에 누구하고나 편하게 대화하는 친구가 있는데, 그 친구의 얼굴을 떠올리면서 취재원 앞에서 성격 좋은 사람처럼 연기하 기 시작했죠. 나중에는 '처음 만나는 사람과 이 정도로 친근하게 말하는 사람을 본 적이 없다'는 말을 친구들에게 듣기도 했어요. 시작은 연기였 지만 어느새 제가 친근한 사람으로 변해버린 겁니다. PD라는 직업이 만 들어 준 선물이라고 생각해요. PD가 되지 않았다면 아마 쪼잔한 교수가 돼 있지 않았을까요?

    운동으로 유명한 한 대학 신입생이 입학하기 전 뇌사에 빠진 사건이 있었습니다. 선배 들의 집합에 입학 예정이던 피해 학생이 훈련을 무리하게 받다가 사망에 이르게 된 안 타까운 사건이었죠. 방송이 가능할지 알아보기 위해 유가족과 사전 인터뷰를 가졌는데, 인터뷰를 마치고 일어나려는 순간 피해자 어머니의 휴대폰으로 경찰의 전화가 걸려왔 어요.

옆에서 통화 내용을 같이 듣는데 경찰이 매우 비협조적이더라고요. 경찰이 반말 조로 "아줌마, 나는 피해자만의 경찰이 아니야", "자꾸 이러면 사건에서 손 뗄 수도 있어"라는 말을 하는 거예요. 피해자를 무시하고 겁박하는 경찰의 태도에 PD수첩이 이 사건을 다루지 않으면 그 누구도 관심을 가지지 않을 것 같다는 생각이 들었습니다. 이것이야말로 언론이 할 일이라는 생각이 들어 취재하기로 결정했습니다.

경찰 주장은 훈련 도중 피해 학생이 후방 낙법을 두어 번 하다가 본인 과실로 머리를 잘못 찧어 뇌사에 이르렀다는 것이었어요. 하지만 피해 학생의 부모는 전국 대회에서 줄곧 1등을 하던 아들에게 후방 낙법은 숨쉬기 운동이나 마찬가지라며 본인 과실은 있을 수 없는 일이라고 반박했죠. 저도 경찰의 주장이 이상하게 느껴졌어요. 조사를 좀 더 해보니 담당 경찰이 그 대학 출신이었습니다. 경찰과 학교가 범행을 무마하려고 애쓰는 느낌이 강하게 들었습니다.

취재해보니, 당시 훈련을 주도했던 일부 선배들은 자칫 큰 부상을 입을 수 있다는 것을 알면서도 무리하게 상황을 몰아갔습니다. '선배'라는 이름을 가진 그들의 '무지'와 '설마'라는 안일한 생각이 꿈 많은 한 학생을 맥없이 쓰러지게 했고 피해 학생이 깨어나지 않자 허둥대다가 골든타임까지 놓쳐버렸죠. 학교는 사고의 원인을 밝히고 예방책을 세우기보다 밖으로 이야기가 새나갈까 봐 은폐와 축소에만 급급했고요. 결국 애꿎은 학생만 죽음으로 내몰린 안타까운 사건이었습니다.

이 사건은 저희 프로그램을 통해 방송됐고 사회적으로 큰 이슈가 됐습니다. 보는 입장에 따라서 작은 사건일 수도 있지만, 사회가 커버하지 못하는 영역을 언론이 발견해 보호해줄 수 있다는 교훈을 직접 몸으로 얻을 수 있어 가장 오랫동안 기억나는 경험으로 남았습니다.

탐사보도, 시사 프로그램의 가치는 무엇인가요?

사회를 좀 더 맑고 투명하게 만들어주는 '감시자' 역할을 합니다. 사회를 견제하는 사람이 없으면 우리가 사는 사회는 금방 혼탁해질 수 있어요. 탐사보도는 법이나 경찰 행정력이 미치지 않는 영역을 발견해내서 사회적인 모순을 드러내고, 시스템의 실패를 보완하는 프로그램입니다. 좋은 시사 프로그램을 만드는 요인은 다양하겠지만 저는 '아젠다 세팅(Agenda setting)'이 제일 중요하다고 생각합니다. 우리 사회가 필요로 하는 주제를 선정해 국민들이 그 주제를 생각해보게끔 만드는 게 시사 프로그램의 역할 중 하나이기 때문이죠.

1988년에 개봉한 에롤 모리스 감독의 <가늘고 푸른 선(The Thin Blue Line)>이라는 다큐멘터리 영화가 있는데요. 억울한 사람이 범인으로 몰린 살인 사건의 실체를 '재연 화면'을 중심으로 재구성하는 작품입니다. 세계적으로 유명한 탐사보도인데 결국 이 작품을 통해 억울한 피의자는 풀려나고 진짜 범인을 찾게 됩니다. 좋은 탐사보도 프로그램을 보고 싶은 분들에게 이 영화를 추천해드리고 싶네요.

▶ 2010년 <W> 미얀마 촬영 중 만난 소수민족 소녀들

▶ 2011년 <PD수첩> 일본 후쿠시마 원전 촬영

탐사보도 PD가 기자와 다른 점은?

일반적으로 방송기자는 1분 30초 분량의 방송 뉴스를 생산하는 전문가들입니다. 빠르게 현상을 전달하는데 특화돼 있는 반면 오랜 시간을 들여 깊이 있는 취재를 하기는 다소 어려운 환경이죠. 탐사보도 프로그램을 제작하는 PD는 취재한 내용을 바탕으로 스토리를 재구성해 시청자를 몰입시킬 줄 알아야 합니다. 사건을 취재하고 대중에게 전달한다는 본질적 역할은 같은지 모르지만, 최종 결과물은 완전히 다르죠. 방송 뉴스에 비해 탐사보도 프로그램은 좀 더 감정적이라는 인상을 받게 돼요. 건조한 목소리로 사건을 단순히 전달하는 사람이 아니기 때문이죠. 그래서 <PD수첩>이나 <그것이 알고 싶다> 같은 프로그램이 사회적으로 큰 반향을 불러일으키기도 합니다.

추천하고 싶은 탐사보도 PD는 누가 있을까요?

최승호 PD를 꼽을 수 있습니다. PD수첩의 전성기를 이끌었고 '올해의 PD상'을 두 번이나 수상한 PD기도 하죠. 국내 탐사보도 프로그램의 전형을 보여줬다고 평가받는 PD입니다. 빅데이터 기술을 탐사보도에 접목시켜 데이터 저널리즘을 구현해내기도 했죠. 그가 연출한 <4대강 수심 6m의 비밀>, 영화 <자백>과 <공범자들>을 보면 좋을 것 같아요. 탐사저널리즘 전문매체인 '뉴스타파'를 만들어 사회적으로 의미 있는 취재물을 다수 남겼다는 점 역시 탐사보도 PD로서 최승호 PD의 역량을 엿볼 수 있는 부분입니다.

▶ 2010년 <W> 인도 순다르반 촬영 때
내 무릎에 오줌싼 아기 쇼리쇼떼

▶ 2010년 <W> 미얀마 인레호수 촬영중

▶ 2011년 특별생방송 리허설

▶ 2014년 <언니가돌아왔다> 출연진 및 제작진과

▶ 2018년 <기분좋은날> 촬영장에서

PD가 되기 위해 무엇을 준비하면 좋을까요?

세상은 계속 변하기 때문에 시대가 원하는 인재상도 달라지기 마련입니다. PD에게 필요한 자질도 조금씩 달라지죠. 그래서 여러 강의나 인터뷰에서 나오는 PD 준비법을 맹신해서는 안 됩니다.

제가 PD가 된 25년 전은 방송 독과점 시대였습니다. TV 방송을 빼면 별다른 취미 거리도 없었죠. 뭘 만들어도 다 잘되던 시절이었어요. 교훈적인 방송을 만들던 시기이기도 했고요. 방송국은 똑똑하고 공부 잘하는 사람을 중심으로 PD를 선발했습니다.

지금은 방송 채널이 수백 개가 넘고, 유튜브 같은 뉴미디어 플랫폼도 인기입니다. 영상을 볼 수 있는 기기도 다양해졌죠. 무한경쟁 시내가 시작되면서 머리 좋은 사람이 프로그램을 잘 만들 수 있는 시기는 지나지 않았나 싶어요. 방송의 가치는 크게 '정보성'과 '오락성'으로 구분되는데, 오락의 중요성이 더 강조되는 시대가 되면서 '놀 줄 아는 사람', '끼 있는 사람'이 필요해졌습니다. 그냥 논다고 좋은 프로그램을 만들 수 있는 건 아니고 사람들을 관찰하면서 프로그램으로 보여줄 웃음 포인트를 잘 찾아낼 줄 알아야 합니다.

PD가 되려면 어떤 마음가짐이나 노력을 갖춰야 할까요?

우선, 비판적 사고를 할 줄 알아야 합니다. 우리나라는 다양한 지식을 갖춘 학생들을 많이 배출하는데, 문제는 이들의 지식의 깊이가 얕다는 겁니다. 내가 아는 걸 제대로 설명할 수 있는 사람은 적고, 눈앞의 정보를 비판 없이 받아들이는 사람들이 많아요. 인터넷에서 본 정보든 선생님이 알려준 지식이든 오류가 있을 수 있다는 태도를 유지해야 합니다. 정보를 비판적으로 따지다 보면 논리적인 사람으로 거듭날 수밖에 없고, 주어진 문제의 해답을 찾아갈 수 있죠.

다음으로는 상대를 이해하려고 노력하는 마음을 갖춰야 합니다. 자기중심적인 사람들이 늘고 있는데 의도적으로 타인의 입장에서 생각하는 연습을 해야 해요. 그래야 대중이 원하는 부분을 빠르고 정확하게 파악해낼 수 있겠죠.

마지막으로, PD가 되고 싶다면 내가 좋아하는 프로그램이나 영상을 그냥 보지 말고 한 번씩 분석해보기를 추천합니다. 어떻게 촬영했고, 재밌는 편집 기법이 있었는지 하나하나 확인하는 과정을 통해 PD에게 필요한 시선을 갖춰나갈 수 있습니다. 물론 책을 많이 읽어서 생각의 깊이를 키우는 것도 중요하고요.

Question 제작 영감은 어디서 얻나요?

굉장히 어려운 질문인데요, PD에게 '기획'은 굉장히 중요한 작업입니다. 아이디어를 찾고 새 프로그램을 기획하는 건 하늘에서 뚝 떨어지는 게 아니라 테크닉과 노력이 필요해요. 좋은 프로그램들을 분석해 보니까 아이디어는 기존에 흥행하는 것에 다른 매력 하나를 더했을 때 탄생하더라고요. 이게 가능해지려면 세 가지가 필요합니다.

우선, '시청자가 원하는 것을 어떻게 가공해서 보여줄 것인지'를 꾸준히 연구해야 합니다. PD에게는 평생 필요한 과정이죠. 두 번째는 '현재 좋은 평가를 받는 프로그램이 잘되는 이유'를 분석하는 것이고요. 마지막으로, 내가 대중에게 던지고 싶은 '메시지'를 평상시에 갖고 있어야 합니다.

영감이 번뜩이는 순간을 전문 용어로 '아하 모멘트(Aha moment)'라고 하는데요, 이 세 가지를 동시에 연구하다 보면 어느 순간 좋은 프로그램이나 포맷, 아이템이 떠오르게 됩니다.

Question 현재 PD로서 가장 큰 고민은 무엇인가요?

내가 만들고 있는 프로그램을 시청자들에게 최선의 방법(형식)으로 보여주고 있는지 늘 고민하고 있어요. 시청자가 원하는 아이템을 선정했는지, 촬영과 편집을 거친 결과물의 전달력이 우수한지 같은 부분이죠. PD 경력이 쌓이면서 생기는 고민도 있습니다. 연차가 높아지면서 숲을 보는 눈은 좋아지지만 젊은 감각이 퇴화하는 건 어쩔 수 없는 것 같아요. 프로그램을 만들면 스토리텔링이 지루하다고 느껴지는 날이 있죠. 한계를 느끼는 것 같아요. 그래서 어떻게 하면 젊은 PD들과 시청자들의 요구에 맞춰 콘텐츠를 제작할 수 있을지 고민합니다.

산업 구조가 변하면서 방송 시청자가 떨어져 나가는 것도 고민이에요. 10대는 말할 것 없고 20대 시청자들도 지상파 방송을 떠나가고 있어요. 전체 국민을 대상으로 프로그램을 만들고 싶은데 중장년층을 대상으로 한 프로그램을 제작할 수밖에 없는 현실이 서글프기도 합니다. 물론, 예능이나 드라마, 음악 방송 같은 오락 영역은 조금 다르지만요.

마지막으로 시사 프로그램을 제작하는 만큼, 취재하는 내용이 중립적인지 항상 체크합니다. 프로그램 성격상 악인이 취재 대상이 될 때가 많은데, 방송이 나가면 그들이 감내해야 하는 법적 대가를 넘어서서 도덕적인 비난을 과도하게 입을 수 있다는 걸 함께 인지해야 해요.

Question 내 인생에 큰 영향을 준 책이 있다면 소개해주세요.

한 권만 고르라고 한다면 박지원의 <열하일기>입니다. 박지원은 성리학이 지배하던 딱딱한 조선 시대에 새로운 사상과 변화를 추구했던 사람이에요. 열하일기는 요즘으로 치면 <알쓸신잡> 같은 책인데, 정체해 있던 제게 신선한 동력을 불어넣어 줬습니다. <열하일기>가 던지는 메시지 중 하나가 '여러분의 지식을 너무 과신하지 말라'는 말인데요, 박지원은 바깥세상은 빠르게 바뀌고 있고 조선에 도움 될 수 있다면 오랑캐(청나라)의 것이라도 받아들이자는 주장을 펼쳤어요. 당시에는 아주 혁신적인 주장이죠. 성리학 때문에 막혀있는 사고방식을 깨뜨리자는 이야기를 거듭하는데 제게도 큰 울림을 줬습니다.

Question **PD로서 전문성을 쌓기 위해 해왔던 노력은 무엇인가요?**

시사 프로그램은 '팩트체크'가 가장 중요해요. 프로그램을 제작하기 위해 기존에 보도된 기사를 인용할 때가 많고, 기사 하나를 시작점으로 취재에 돌입하는 일이 많습니다. 그런데 기사마저도 오류가 있을 수 있어요. 팩트체크를 필수적으로 거치면서 오류를 최소화하고 시사 PD로서 제대로 된 소스와 아닌 걸 구분하는 관점을 키울 수 있습니다. 기본적이지만 굉장히 중요한 노력이에요. 팩트체크 팀장을 하면서 그 가치를 새삼 깨달을 수 있었어요.

그리고 시사든 교양이든 탐사보도 프로그램이든 PD는 '통찰력'을 갖추고 사회를 바라볼 수 있어야 합니다. 사회와 기술은 따라가기 벅찰 정도로 빠르게 변하고 있어서 각자 판단의 기준을 세울 수 있어야 해요. 결국 키워드는 '인문학'입니다. 철학서나 역사책에는 인간이 겪어온 시행착오와 고민, 대책이 고스란히 담겨 있어요. 세상이 급변해도 판단은 사람이 내리기 때문에 과거에 인류가 고민한 인문학적 사유에서 크게 벗어나지 않을 거로 생각합니다. 그래서 좀 더 고전과 인문학 서적을 열심히 읽고 있어요.

드라마 촬영일을 예시로 들어보면요. 아침 7시쯤 첫 장면 녹화가 시작됩니다. 그러니 기상 시간은 오전 5시쯤이 되겠죠? 6시에 출근을 마치면 연기자, 소품, 장비, 촬영 스태프를 체크하면서 촬영 준비가 잘 되어 있는지 확인합니다. 7시에 출발해 첫 장면을 촬영하고 동시에 다음 촬영 준비를 시작해요. 그렇게 촬영을 반복하다 보면 점심시간이 다가와서 빨리 식사를 해결합니다. 오후에도 같은 방식으로 촬영을 내내 계속하죠. 촬영은 자정 즈음 끝나는데, PD는 집에 돌아와서 다음날 촬영을 위한 콘티를 짠 다음 잠자리에 들어요. 바쁘게 제작하는 만큼 16부작 미니시리즈가 끝나면 '기획'이라는 이름으로 5~6개월을 쉽니다.

그런데 이건 과거 PD들의 전형적인 모습입니다. 지금은 새로 도입된 주 52시간 근무제 덕분에 촬영 환경이 변화하고 있죠. 방송국마다 촬영팀을 쪼개 스케줄을 배분하거나 촬영 일수를 늘리는 방식으로, 효율적인 제작을 위해 변해가는 중입니다.

**Question** 빠르게 변하는 창작 환경 속,
방송 PD는 어떻게 움직여야 할까요?

방송국에서 유명한 1인 방송 진행자에게 축구 중계 해설을 맡긴 적이 있어요. 시대가 변하고 있으니 필요한 시도라고 생각했지만 시청자들이 큰 거부감을 보였습니다. 우리가 모바일로 보는 콘텐츠를 지상파로 옮기면 어울리지 않을 수 있단 걸 보여주는 사례죠.

1인 크리에이터를 소비하는 시청자를 고려할 필요는 있겠지만, 지상파 PD는 TV가 갖는 특성과 강점을 잘 살리는 데 집중해야 한다고 생각합니다. 어떻게 하면 시청자가 TV를 더 즐길 수 있을지 고민해야 한다는 거죠. 그래서 저는 생방송의 힘과 대형 화면을 통해 전달되는 시각적인 강렬함이 PD가 지향해야할 영역이라고 판단하고 있어요.

더해, 수많은 개인 크리에이터들이 활동하고 있고, 큰 수익을 내는 크리에이터가 등장하면서 개인 크리에이터라는 직업을 '황금알을 낳는 거위'처럼 여기는 사람들도 있어요. 그러나 플랫폼이 오픈돼있는 것만큼 그 속에서 활동하는 사람도 무한대일 수 있습니다. 성공 확률이 낮다는 말이죠. 거기에 쉽게 인생을 베팅하는 건 위험할 수 있습니다.

Question PD를 꿈꾸는 청소년들에게 한마디 해주세요.

너무 어린 나이부터 '내가 꼭 무엇을 해야 하겠다'는 생각을 가지지는 않았으면 좋겠어요. 꿈은 항상 열려있고 변화할 가능성이 무궁무진합니다. PD를 꿈꾸게 됐다면 이 직업이 내가 좋아하고 잘할 수 있는 일인지 잘 따져봐야 합니다. 단순히 결과물인 '프로그램'이 매력적이어서 지원한다면 PD로 합격한다고 해도 오랫동안 일하기 힘들 수 있어요. 어느 직업이나 마찬가지지만 PD는 특히 적성이 중요한 직업입니다. PD의 역할도 계속 변하고 있어서 그 변화를 예의주시했으면 좋겠고요.

또 한 가지, PD는 방송국이라는 직장에 소속된 직업인으로 살아갑니다. 내가 직장의 일원이 된다는 사실을 명심하고 함께 일할 줄 알아야 해요. 그게 더 좋은 결과물을 만들 수 있는 효과적인 길입니다. 나보다 부족하다고 느꼈던 사람에게도 배울 점을 찾고 자극받을 줄 안다면 사회인으로서도 PD로서도 크게 발전할 수 있을 거예요.

과학자가 꿈이었던 소년은 중학교 2학년 때부터 '콘텐츠 만드는 일'이 천직이라는 걸 깨달았다. '학교 축제 때 틀 영화를 찍어보면 좋겠다'는 선생님의 제안에 아날로그 8mm 캠코더를 들고 대본을 쓰고, 친구들에게 연기를 시켰다. 편집할 줄도 모르고 지금처럼 좋은 편집 프로그램도 없어서 마치 수공예 장인처럼 한 땀 한 땀 영화를 완성했다. 완성된 영화의 반응은 가히 폭발적, 동네 여중에 소문이 퍼질 정도였다. 영상의 힘을 느낀 그날, 그의 꿈이 바뀌었다.

예능에도 '선'은 있다고 말하는 오원택 PD은 '풍자'가 들어간 예능을 좋아한다. 그는 사회적 약자를 공격하는 웃음에 문제를 제기하는 동시에 자신의 프로그램 속에서만큼은 약자가 느끼는 갈등을 봉합하는 웃음을 전하길 바란다. 약자들의 억눌린 에너지를 웃음으로 승화시킬 때 예능이 가진 힘도 함께 커진다고 믿기 때문이다.

- -

tvN
오원택 PD

현) CJ ENM tvN PD

경력
- XtvN <최신유행 프로그램> 시즌1, 2 연출
- tvN 월화드라마 <시를 잊은 그대에게> 공동 연출
- tvN <인생술집> 연출
- tvN <SNL코리아> 코너 연출
- tvN <롤러코스터>, <화성인 바이러스>,
  <더지니어스> 등 조연출

학력
서강대학교 신문방송학과 졸업

PD의 스케줄

방송 특성 상, PD의 일과는 방송 일정에 맞춰 일주일 단위로 업무가 이루어진다.
촬영일에는 하루 종일 촬영, 편집일에는 하루 종일 편집을 하는 터라 하루 스케줄을 나누기가 어렵다.

오원택
PD의
하루

* SNL코리아 생방송 당일의 하루 일과입니다.

22:00 ~ 24:00
▶ 생방송

06:00 ~ 09:00
▶ 촬영본 가편집 마무리

19:00 ~ 20:30
▶ 효과음 및 음악 믹싱 작업
▶ 런스루 리허설
20:30 ~ 22:00
▶ 1차 공연

09:00 ~ 10:00
▶ 가편집본 내부 시사
▶ 스튜디오 콩트 대본 리딩

14:00 ~ 18:00
▶ CG 및 자막 작업
▶ 스튜디오 콩트 무대 리허설
18:00 ~ 19:00
▶ 저녁 식사

10:00 ~ 13:00
▶ 시사 후 수정편집 및 CG 작업 의뢰
13:00 ~ 14:00
▶ 점심 식사

영상이 좋아서 시작한 일

▶ 2008년 여름에 떠난 인도 여행

▶ 국토대장정에 나서다

▶ 남양주소방서에서 의무소방대로
　복무하던 시절

▶ 대학교 3학년 때 수상한 영상공모전 시상식에서

Question 학창 시절에는 어떤 학생이었나요?

꿈이 뚜렷한 학생이었어요. 초등학교 2학년 때까지는 손재주가 좋고 상상화를 그리는 걸 좋아해서 화가가 되고 싶었어요. 그러다가 과학자로 꿈이 바뀌어서 '퀴리 부인이 노벨상을 두 번 탔으니 나는 세 번 받겠다'고 말하고 다니기도 했습니다.

과학자라는 꿈은 중학생 때까지 이어졌는데, 중2 때 꿈이 바뀌는 큰 계기가 생겼어요. 학교 축제가 다가올 때쯤 저를 아끼던 한 선생님께서 '축제에 맞춰서 영화를 찍어보면 어떻겠냐?'고 제안한 거죠. 어릴 때 집에 8mm 캠코더가 하나 있었어요. 영상이나 영화에 대해서 아무것도 몰랐지만 '한번 찍어보자'는 생각으로 대본을 쓰고 친구들을 데리고 연기를 시켰죠. 편집도 할 줄 몰랐고, 지금처럼 좋은 편집 프로그램도 없었을 때라, 비디오 데크 두 개를 연결해서 하나는 촬영본을 재생하고 다른 하나로 녹화하는 방식으로 몇 날 며칠을 편집하는데 몰두했습니다. 완전 수공예 장인 같았죠.

Question 중학교 때 찍은 첫 번째 영화는 어떤 작품이었나요?

제목이 <왕건남>이었어요. 왕따에 관한 이야기였는데 완성해서 축제 때 상영하니 친구들이 진짜 좋아했습니다. 친구들이 제 영상을 숨죽이면서 보고 웃고 반응하는 게 짜릿했어요. 작은 동네라 이웃 여중에도 소문이 나고 그랬죠. 그때 꿈이 바뀌었어요. 그 전만 해도 만화나 영화를 좋아했지만 '나는 만들 수 없는 영역'이라고 생각했거든요. 근데 할 수 있었고 해낸 거예요. 영화감독이 되고 싶다는 꿈을 그때부터 갖게 됐습니다. 고등학생 때 다시 경기도로 이사하면서 새 학교에서 영화 동아리 활동을 했어요. 1, 2학년 때 각각 한 편씩 찍었고, 학생 영화제에서 입선도 해봤죠. 그때부터 자칭 타칭 '오감독'이라고 불리게 됐습니다.

영화감독은 인생을 걸어야 하는 직업이라고 생각했어요. 하고 싶었지만 두려웠습니다. 대학 진학을 준비할 때 영화나 영상 콘텐츠 분야로 진출할 수 있는 전공이 '신문방송학과'라고 생각했어요. 마침 서강대 신문방송학과에 박찬욱 감독님같이 제가 존경하는 영화감독들이 많아서 진학하게 됐죠. 신방과 학생이 된 이후에는 별명도 '오피디'가 됐고요.

제가 정말 좋아하고 중요하게 생각하는 말이 있어요. '남 같으면 남다를 수 없다'. 아버지께서 어릴 때부터 해주셨던 말이에요. 그래서 학점이나 어학 점수 등 스펙에 몰두하는 것보다 동아리나 대외활동에 더 집중하며 대학 생활을 보냈습니다. 지금이야 대외활동도 스펙의 일부가 됐지만 제가 대학생일 때만 해도 그런 활동을 하는 대학생이 거의 없었어요. 블루오션이었죠. 그래서 1학년 때는 최대한 여행을 많이 다니다가 점점 기업 서포터즈나 마케팅 활동으로 경험을 넓혀갔죠. 국토대장정도 했어요.

영상 공모전이 늘어날 때는 유튜브가 주최하는 대회에서 대상과 특별상도 받았고 블루 어워드와 법무부 공모전에서 금상, 은상을 수상했어요. 그때는 공모전에 출품하면 수상은 한다는 자신감을 얻기도 했죠.

아이폰이 출시되고, 스마트폰 혁명이 시작될 때 저도 인터넷 기업에서 IT와 관련된 경험을 쌓고 싶었어요. 그래서 오마이 뉴스에서 2년 동안 일하면서 트위터 계정과 아이폰 애플리케이션을 론칭했습니다. 넥슨 PR팀에 몸담기도 했고요. 대외활동을 많이 하는 게 제 경쟁력이 될 거라고 믿었어요. 지금까지 좋아하는 것만 하고 살았는데, 다 남들이 안 하는 쪽이었어요. 그때 차별화된 경쟁력이 생긴 것 같습니다.

▶ 2010년, 대학교 4학년 때 영상 공모전 수상

PD라는 직업을 선택한 결정적인 이유가 있나요?

　중학교 2학년 때부터 '콘텐츠를 만드는 일'을 천직이라고 생각했습니다. 저는 항상 저를 관찰하거든요? 어떤 걸 좋아하고 잘할 수 있을까, '나'라는 사람이 이 사회에서 생존하기 위해 어떤 역량이 경쟁력이 될까를 어릴 때부터 고민했어요. 고민을 거듭해보니 저는 뭔가를 만드는 걸 좋아하더라고요. 만화를 그리든, 장난감이나 찰흙으로 조형물을 제작하든. 만드는 일의 연장선에 '콘텐츠'가 있었고, 영화감독이라는 꿈을 갖고 있었지만, 그때도 큰 방향성은 '영상 콘텐츠'였던 것 같아요.

　그래서 신방과를 선택한 순간부터 'PD 일을 하겠구나'라는 생각은 갖고 있었습니다. 영상 콘텐츠를 만드는 일 중에서는 가장 안정적으로 수입을 얻을 수 있고 자신의 메시지를 전달할 수 있는 직업이란 생각이 들었어요. 취업을 준비할 때 다른 기업이나 방송사는 지원하지 않았어요. 오직 CJ ENM에만 넣었습니다. 모바일로 콘텐츠를 보기 시작한 시점이었고 유튜브가 태동한 시절이었거든요? 거대한 물결이 일렁이고 있는데 기존 방송사는 변화 속에서 살아남지 못하거나 도태될 거라고 생각했습니다. CJ ENM은 하나의 콘텐츠를 게임, 영화, 음악 같은 여러 방식으로 퍼뜨릴 수 있는 방송국으로 느껴졌어요. 그래서 1기로 입사하게 됐죠.

큰 비전을 갖고 들어온 회사라 초년생 시절이 남달랐을 것 같아요.

　자신감을 갖고 회사에 들어왔어요. 저한테 기회가 빨리 올 거라는 생각도 가졌죠. 지금이야 tvN이 유명 방송사지만 제가 입사할 때는 인지도가 아직 낮아서 조급한 마음도 있었을 거예요. 그래서 제 과도한 자신감이 주변에는 오만하게 느껴졌던 것 같습니다. 오랫동안 콘텐츠를 만들던 사람들 눈에 제가 이룬 것은 작아 보였을 텐데 그 차이를 몰랐던 거죠. 사람을 얻지 못하게 되니까 제 능력을 증명할 기회조차 얻지 못하게 되더라고요. 그래서 회사 생활 초기는 많이 힘들었어요. 젊은 연차가 담당하지 않는 역할을 한 적도 있고요. 하지만 마음속으로 계속 칼을 갈고 있었어요. 기회가 올 때 예리하게 잘 갈아낸 칼을 보여주겠다는 마음으로요.

Question 처음 참여한 프로그램이 궁금합니다.

<화성인 바이러스>를 하면서 처음으로 촬영과 편집을 할 기회가 왔습니다. 최선을 다해 제 생각과 결과물을 보여드렸고, 이후 <더 지니어스> 제작진으로 합류할 수 있었어요. <더 지니어스>라는 구체적인 그림이 그려지기 전에는 막연히 서바이벌 프로그램을 해보자는 생각이 오가고 있었는데, 선배 PD와 같이 보드게임을 하면서 영감을 얻게 됐습니다. 대학생 때 보드게임을 정말 좋아해서 100개 정도 사뒀었는데요, 사놓고 한 번도 못 한 게임이 많았어요. 그걸 하나씩 해보면서 게임을 하면서 탈락자가 나오는 프로그램을 기획하게 됐고, 이때 조연출로서 프로그램 기획을 많이 배웠습니다.

<더 지니어스>를 잘 마치고 <SNL코리아>에 들어오게 됐는데, B급 감성을 좋아하는 마이너한 제 성향과 잘 맞는 프로그램이었어요. 저는 '영화'라는 꿈을 항상 품고 있으니까 대본 베이스 콘텐츠를 만들고 싶다고 팀에 계속 어필했고, 시즌 4부터 야외 촬영물을 제작하게 됩니다. 더빙극장', '미운우리프로듀스 101', '그레이의 50가지 그림자놀이'가 이때 탄생하게 됐죠. 선배가 기획한 걸 이어받아 'GTA'도 만들었고, 시즌 막바지에는 더빙 크리에이터 장삐쭈와 함께 '급식체 특강'을 제작하고 패러디 콘텐츠인 '성호그릴스'와 '먹성' 같은 코너도 재밌게 만들어낼 수 있었습니다.

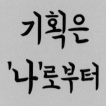

기획은
'나'로부터

▶ 2011년 신입 시절 편집실에서

▶ 뉴욕 연수 중 SNL 미국판 견학 및 현장 스케치

▶ 조연출 시절 스튜디오 백스테이지에서

▶ SNL코리아 야외 코너 연출 모습

다양한 프로그램 중 '예능'만이 가진 매력이 있다면요?

　예능 방송의 본질은 웃음, 감동, 정보, 분노 같은 다양한 포인트를 통해 시청자에게 즐거움을 준다는 것입니다. 일상에 지친 대중이 예능을 통해 잠시나마 긴장을 풀고 웃음을 짓는 건 PD에게 보람된 일이에요. 저는 코미디 중에서도 '풍자'를 많이 다뤘는데, 풍자는 약자의 입장에서 강자를 희롱하는 서민의 장르입니다. 소수의 강자보다 더 많은 사람의 입장을 대변하고 억눌린 분노와 에너지를 웃음으로 승화시키기에 풍자는 사회적으로도 가치 있다고 생각합니다. 프로그램을 통해 세상을 변화시킬 수 있다고 믿진 않지만 시청자들이 제 방송을 보고 웃으면서 풍자하려는 주제를 한 번쯤 상기할 수 있다면 좋겠어요.

Question **좋은 예능 프로그램이란 무엇일까요?**

　콘텐츠에 귀천은 없지만 '선'은 있다고 생각해요. 예능 중에도 사회적 약자를 공격하고 편을 가르는 방식으로 웃음을 주는 프로그램이 종종 있어요. 사람은 다수에 속해있다고 느낄 때 그리고 다수에 속하지 않은 사람을 조롱할 때 편안함을 느낍니다. 저는 그런 웃음을 주고 싶지 않았어요. 오히려 그런 방식에 문제를 제기하려는 편이죠. 최소한 제 프로그램 속에서만큼은 약자를 왕따시키고 조롱하고 싶지 않아요. 사회적 약자와 그들이 느끼는 갈등을 봉합하는 방향으로 웃음을 줄 수 있는 콘텐츠가 더 바람직하다고 생각합니다.

예능 PD라 겪는 고충이 있을까요?

SNS나 유튜브 콘텐츠에 비한다면 생명력이 길지만, 예능은 비교적 휘발성이 강한 장르입니다. 영화나 드라마보다 사람들의 뇌리에 남는 시간이 상대적으로 짧거든요. <SNL>을 방송할 때도 화제성이나 폭발력은 강한데 대중이 금방 잊어버리더라고요. 한때 시대를 풍미한 예능도 마찬가지고요. 그래도 방송국 프로그램 중에서는 대중과 밀접하게 호흡하는 장르가 예능이기 때문에 예능 PD는 재미를 계속 추구하고 찾아야 합니다. 그러다 보면 지치기도 해요.

Question <SNL>과 같은 생방송 공개 프로그램의 매력은?

SNL은 생방송이라 독보적이었어요. 생방송은 방송이 나가는 그 순간에 결과물이 완성돼요. 그래서 방송 당일에 콘텐츠를 굉장히 날카롭게 가다듬을 수 있습니다. 그 주에 발생한 모든 일을 프로그램에 녹일 수 있죠. 방송이 시대를 반영한다고 하지만 대부분 녹화방송이라 일주일의 시간 차는 생기게 마련입니다. 어제 일을 오늘 내보내는 건 뉴스밖에 없잖아요? 그런데 <SNL>은 생방송이기 때문에 한 시간 전 일도 방송에서 이야기할 수 있어요. 라이브만이 주는 현장감과 생동감이 매력적이죠.

▶ SNL 생방송 스튜디오 객석

한편으로 시청자를 관찰할 수 있는 유일한 프로그램이기도 했어요. 방청객이 곧 시청자가 되는 프로그램이라 대중이 내가 만든 콘텐츠를 보고 어디에서 웃는지, 어떤 반응을 보이는지 즉각 확인할 수 있어서 짜릿했고 공부도 많이 됐죠.

하지만 매주 생방송을 진행하기 때문에 정신없이 한 주가 지나가는 건 힘들기도 합니다. 방송 직전까지 긴장을 놓을 수 없어서 항상 예민해져 있어요. 그래서 '번 아웃'도 자주 왔던 것 같네요.

Question 제작 영감은 어디서 얻나요?

시청자가 콘텐츠를 통해 뭘 얻기를 바랄까요? 저는 '공감'과 '신선함' 두 가지라고 생각해요. 대중은 콘텐츠 속에서 나와 같은 점을 발견하며 공감하고, 다름을 찾으면 신선하게 느끼거든요. 이 둘을 통해 재미를 얻는다고 믿고, 제작자로서 공감과 신선한 재미를 주기 위해 노력합니다.

'나 자신'을 더욱더 또렷하게 드러내면 시청자에게 색다른 경험을 줄 수 있어요. 나는 남과 다르니까 내가 좋아하고 재밌게 느끼는 부분을 잘 전달할 수 있으면 대중은 신선함을 느낄 수 있겠죠. 동시에 내가 좋아하는 것이 얼마나 대중적이고 공감을 얻을 수 있는지 객관적으로 판단하는 것도 중요합니다.

Question 〈최신유행 프로그램〉을 기획하게 된 이유는?

'요즘 애들 정말 큰일이다'. 동서고금을 막론하고 사라지지 않는 말이라고 합니다. 나이가 들고 세대가 바뀌면 가치관이 충돌할 때가 많잖아요? 변화하는 가치관을 인정하고 받아들일 수 있는 프로그램이 됐으면 했어요. 프로그램을 보며 서로를 이해해보자는 거죠. 젊은 대중이 TV를 떠나고 있는데 방송이 그들의 트렌드를 반영하지 않으면 영영 멀어질 거라고 생각했습니다. 그래서 사회적인 풍자와 젊은 시청자들의 공감 포인트를 반영해서 프로그램을 만들어봤어요. 방송이 다루지 않는 인터넷 유머 같은 속칭 '하위문화'를 다루고 싶었고, 현시대의 문제점을 웃음과 함께 던지고 싶었습니다.

Question

참여한 프로그램 중 특별히 기억에 남는 프로그램이 있나요?

모든 프로그램에 애정이 있지만 아무래도 PD 입봉작인 <인생술집>이 기억에 남아요. 저는 프로그램을 기획할 때 '나'에서부터 출발해요. 인생술집에서는 한국의 술 문화에 대해 이야기해보고 싶었어요. 한국은 술을 경쟁적으로 부어라 마셔라 먹는 문화가 있고, 주량을 무용담처럼 과시하면서 사회적인 문제가 발생하기도 하죠. 외국은 술을 즐기는 문화가 굉장히 다양한데 우리는 왜 그렇지 못할까 항상 아쉬웠어요. '술을 잘 알고 잘마셔보자'는 생각을 바탕으로 <인생술집>을 기획했습니다. 술을 한두 잔 적당히 마셨을 때 긴장이 완화되는 순간이 있는데요. 그 속에서 나오는 '진솔함'을 콘텐츠로 보여주고 싶었어요.

내용과는 별개로 '인생술집'을 론칭할 때 우려하는 분들이 많았어요. 방송에서 술을 먹으면 안 된다는 관례가 있었으니까요. 그런데 무조건 안 된다는 법은 없더라고요. 내 기획 의도가 선하다면 진심은 통할 거라고 생각했고 정규 편성에 성공했습니다. 인기도 얻었고 무사히 프로그램을 제작할 수 있었죠.

▶ 인생술집 연출 모니터

PD는 결국 '만드는' 사람

▶ 2019년 가을, <최신유행 프로그램> 편집실에서

▶ 2017년, SNL 생방송 스튜디오 세트

▶ 2018년, 드라마 <시를 잊은 그대에게> 촬영 현장

▶ <시를 잊은 그대에게> 촬영 현장에서 연기 디렉션 주는 모습

PD가 되기 위해 무엇을 준비하셨나요?

PD가 되기 위한 준비는 안 했어요. 어릴 때부터 '영상 콘텐츠를 만드는 사람'으로 스스로를 규정했고, 그 과정에서 PD라는 직업을 잠깐 가진 거라고 생각했으니까요. PD가 되는 것을 목표로 하지 않았기 때문에 막상 PD가 되는 과정이 어렵지 않게 느껴지기도 했습니다. PD가 되고 싶다는 마음보다 콘텐츠를 만들고 싶다는 생각으로 살아왔고, 수많은 경험을 쌓아왔기 때문에 PD 시험을 볼 즈음에는 쌓은 걸 잘 어필하기만 하면 됐던 것 같아요.

PD가 되려면 어떤 과정을 거쳐야 하고, 무엇이 가장 힘들었나요?

제가 다니는 CJ ENM은 자기소개서를 포함한 1차 서류 전형으로 시작해 2차로 PD 오디션과 인·적성 시험을 봅니다. 1차 면접이라고 할 수 있는 오디션은 자기 어필 시간 3분, 질의응답 2분으로 구성돼요. 합격자들은 3차 전형으로 올라가 PD 미션이라고 하는 실무 면접을 봅니다. 지원자들은 5~6명이 조를 이뤄 반나절 동안 정해진 주제로 2~3분짜리 영상을 만들어야 해요. 이날 임원 면접도 같이 봅니다.

합격하면 인턴십이 시작됩니다. 저는 9주 동안 했는데 요즘은 6주로 알고 있어요. 인턴들은 두 가지 프로그램에서 3주씩 막내 조연출 생활을 합니다. 인턴 평가를 거치면 최종 기획안 프레젠테이션과 경험한 프로그램 중 하나를 골라 예고편을 만드는 과제를 수행합니다. 이 모든 과정을 거쳐서 최종 합격이 결정됩니다.

다 힘든 과정이지만 아마 인턴십이 가장 힘들지 않을까 싶어요. 학생 입장에서 콘텐츠를 잘 만드는 법을 어필하다가 진짜 회사에 들어와서 실무를 체험하게 되니까요. 화려하고 예쁜 백조만 TV에서 보다가 물에 빠지지 않기 위해 열심히 휘젓는 물갈퀴를 보게 되면서 이상과 현실의 괴리를 느끼기도 하죠. PD로서 여러 고민에 빠지는 시기 같아요.

'PD 오디션'은 어떻게 준비하셨나요?

오원택이라는 상품을 파는 홈쇼핑을 준비했어요. 면접 장에 아이패드와 아이폰을 들고 갔는데, 아이패드에는 사전에 만든 홈쇼핑 영상을 넣어놨어요. 영상 속에 있는 쇼호스트인 제가 오디션을 보고 있는 저를 소개하고 판매하는 거죠. 영상이 시키는 대로 팔굽혀 펴기도 하고 그랬었네요. 아이폰에는 자료 영상을 넣었습니다. 쇼호스트가 "자료 영상 보시죠!"라고 하면 아이폰에서 영상이 재생되는 그런 구성을 준비했었습니다.

Question **내 인생에 큰 영향을 준 책이 있다면 소개해주세요.**

베르나르 베르베르의 <개미>입니다. 초등학교 4학년 때 읽었는데 생각날 때마다 한 번씩 봐요. 개미의 시각으로 세계를 바라본다는 설정이 신선했고 충격적이었어요. 덕분에 개미의 관점으로 자신을 돌아보게 되고, 세상을 다르게 보게 됐어요. 내가 아닌 다른 관점으로 자유롭게 상상할 수 있는 법을 알려준, 상상력에 날개를 달아준 책입니다.

Question **어릴 때 인상 깊게 봤던 TV 프로그램이나 영화가 있었나요?**

요즘 넷플릭스에서 다시 보고 있는 애니메이션 <신세기 에반게리온>입니다. 만화나 애니메이션은 사람 손으로 그려야 한다는 점에서 작품 속 모든 설정에 이유가 담겨 있어요. 어떤 물건이 예쁘게 달려있다면 '예쁘다'는 감정 자체가 이유가 되기도 합니다. 즉,

디테일에 충실하다는 말이에요. <에반게리온>은 인물과 배경, 상황 등 모든 곳에 디테일이 탄탄하게 채워져 있어요. 저는 디테일을 추구하는 성향이라 작품의 디테일을 탐구하면서 애니메이션에 깊이 몰입할 수 있었어요. 정말 재밌게 본 작품이면서 콘텐츠의 힘과 흡입력을 함께 느꼈습니다.

Question PD님의 하루 일과는 어떻게 되나요?

PD는 방송 일정에 맞춰 살 수밖에 없습니다. 저는 일주일 단위 프로그램을 제작하고 있기 때문에 스케줄도 일주일 단위로 채워져요. 제작 과정은 보통 촬영일과 편집일로 구분되고, 편집본을 내부에서 시사하는 과정을 거쳐요. 이때 피드백을 받아 내용을 수정합니다. 그다음 자막과 CG, 화면의 톤을 잡고 음악과 효과음을 넣는 후반 작업을 마치면 최종 마스터본이 나옵니다. 이걸 방송에 틀면 한 주가 끝나요.

하루 단위로 일과를 정리하기는 어렵습니다. PD의 업무는 크게 '프리프로덕션', '프로덕션', '포스트프로덕션'으로 나뉘는데, 하루 만에 할 수 있는 일이 아니거든요. 프로그램마다 촬영 스케줄이 명확하게 정해져 있지도 않아요. 오전에 제작진과 출연자가 촬영장에 모인다고 하면 그날의 촬영 스케줄대로 촬영을 반복하는 거죠. 편집 단계에서는 밤새 편집하는 날도 많고요.

자신만의 차별화된 경쟁력을 갖추기 위한 노력이 있나요?

영상에도 제작자만의 문체가 있다고 생각해요. 스타일이라고 말할 수도 있겠죠. 영상 콘텐츠도 글처럼 영상이라는 언어로 메시지를 전달하기 때문이죠. 영상을 어떻게 편집 하느냐는 곧 그 PD의 스타일과 연결되기 때문에 저만의 스타일을 가지고자 노력하고 있습니다. 내가 어떤 콘텐츠를 보고 재미있다고 느꼈다면 원인을 분석해요. 어떤 알고리 즘으로 나에게 재미를 전달하는지요. 내용이 특이할 수도 있고 정보를 제시하는 순서나 방법이 나와는 다를 수도 있어요. 고민을 거듭하다가 재미를 주는 알고리즘을 발견하면 제 콘텐츠에 적용하려고 합니다. 선배들이 만든 좋은 콘텐츠를 많이 보면서 그 속의 공 식을 제 나름대로 소화하기 위해 끊임없이 시도하고 있어요. 기존에 나온 공식을 익힌 다음 새 공식을 만든다는 점에서 수학 공부와 비슷한 면도 있습니다.

PD로서 가장 큰 고민은 무엇인가요?

방송 환경이 어떻게 변하는지 민감하게 관찰하고 있습니다. 채널에 종속돼서 콘텐츠 를 보는 시대는 끝났습니다. 미디어 환경이 변하고 있지만 그래도 방송이 없어질 거라고 생각하지는 않아요. 대신 시청자에게 콘텐츠를 전하는 플랫폼은 유튜브나 넷플릭스처 럼 다양해질 수 있죠. 실제로 그렇게 변하고 있고요. 플랫폼의 변화를 따라가지 못하면 살아남지 못할 수도 있다는 생각은 하고 있습니다. 또, 콘텐츠의 국경이 사라지면서 경 쟁 대상이 일반 대중, 유튜버, 디즈니로 대표되는 글로벌 콘텐츠 기업까지 확대돼버렸어 요. 치열한 경쟁 속에서 어떻게 해야 내 콘텐츠가 경쟁력을 갖출 수 있을지 함께 고민하 고 있습니다.

플랫폼 다변화 속에서 방송 PD는 어떻게 일해야 할까요?

플랫폼은 쉽게 망하지 않지만 빠르게 변화한다고 생각해요. 저도 지금은 방송 플랫폼에 맞는 콘텐츠를 제작하고 있지만, 콘텐츠 자체를 잘 만드는 게 더 중요합니다. 플랫폼이 바뀐다고 해서 제가 가진 창작 방식과 원칙, 기술은 사라지지 않거든요. 채널에 의존해서 콘텐츠를 만들면 플랫폼과 함께 도태될 수 있지만, 본인 콘텐츠의 가치를 잘 알고 좋은 콘텐츠를 제작하는 사람들은 플랫폼이 어떻게 변하든 살아남을 수 있다고 생각해요. 그런 생존력을 갖춘 콘텐츠 크리에이터가 되는 게 목표기도 하고요.

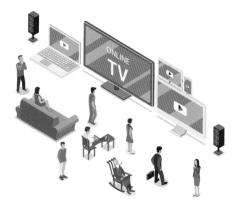

Question PD를 꿈꾸는 청소년들에게 한마디 부탁드려요

무엇이 되기보다 '무엇을 하는 사람'이 됐으면 좋겠습니다. 어떤 직업을 가진다는 건 조직에 속하거나 타이틀을 얻었다는 거잖아요? 저는 그게 '껍질'일 수 있다고 생각해요. 알맹이를 단단하게 다지지 못한다면 껍질이 벗겨졌을 때 흔들리게 돼요. 어느 방송국 PD가 아닌 '콘텐츠를 만드는 사람'으로 나를 갈고 닦으면 내가 어디에서 콘텐츠를 만들든 빛날 수 있습니다. 그래서 PD라는 타이틀을 얻기 위해 고민하기보다 PD의 본질인 '콘텐츠를 기획하고 만드는 일'을 미리 탐구하는 게 중요하다고 말씀드리고 싶어요. 고민을 거듭할 시간에 지금부터 당장 콘텐츠를 만들면 누구보다 먼저 시작할 수 있으니까요.

대입에서 흠집난 자존심을 만회하기 위한 대안으로 대학 시절 기자가 되기로 결심했다. 장장 8년간 한 길을 걸어 목표를 이루었지만 '이게 아니었구나'라는 깨달음만 얻고 수습 기간 중 퇴사. 극적으로 입사한 EBS에서도 회의감과 탈진을 반복했다. 그 정점에서 '자존감'이라는 눈부신 보석을 찾아내 삶의 좌표를 즐거움으로 수정하고 나름 명랑하게 살아가고 있다.

대표 다큐멘터리로 <시대의 초상 : 변경에 선 작가, 이문열>, <인간 탐구 대 기획 : 아이의 사생활>, <사비성, 사라진 미래도시>, <퍼펙트 베이비> 등이 있고, 한국방송비형회 '클린콘텐츠 방송대상', 생화학분자생물학회 '올해의 생명과학보도상' 등을 수상했다. 이후 EBS 모바일 '육아학교' 총괄 프로듀서를 맡았으며 현재 편성 프로듀서로 일하고 있다. 저서로 <일생의 일>, <나는 고작 한번 해봤을 뿐이다> 등이 있다.

EBS
김민태 PD

현) EBS 편성 프로듀서

경력
- 모바일 육아학교 총괄 프로듀서, 다큐프라임 프로듀서, 취재 다큐 프로듀서

수상
- 한국PD대상 '실험정신상', 'TV 교양부문 작품상' 등 수상

학력
한국외국어대학교 영어과 졸업

PD의 스케줄

김민태
PD의
하루

* 장기 기획 다큐멘터리 PD의 하루입니다

18:00 ~
▶ 하루의 마무리

06:00
▶ 기상

10:00 ~ 18:00
▶ 기획, 촬영, 편집
(기획 시기일 경우는
독서 혹은 외부 관계
자 미팅)

07:30
▶ 출근

09:00 ~ 10:00
▶ 주요 연출부 스태프 회의
(촬영, 편집 계획 공유)

07:30 ~ 09:00
▶ 메일 확인 및 답신
▶ 원고 수정

겪어야
알게 되는 것

▶ 2004년, 취재 다큐 <미래의 조건> 맨해튼 촬영

▶ 2006년, 취재 다큐 <똘레랑스> 미국 청각장애인 사례 취재

▶ <똘레랑스> 촬영 중 우토로 마을 주민들과

▶ 2007년, 기획 다큐 <시대의 초상> 첫 인터뷰 - 이문열

초중고 학창 시절에는 어떤 학생이었나요?

중학생 때까지만 해도 별 특징 없는 아이였어요. 교사의 시선으로 볼 때 눈에 잘 띄지 않았을 거예요. 성적은 중상위권이었고, 내성적이었지만 가까운 친구들하고는 잘 지냈죠. 아마 저를 아는 70% 정도는 얌전한 아이라고 인식했을 겁니다. 중학교 3학년 때부터 독서에 크게 흥미를 느꼈어요. 독서광인 친구가 있었는데 그 친구와 책 읽기 경쟁이 붙었어요. 이때는 한국 문학을 많이 읽었죠. 그렇다고 심심하게만 지낸 건 아니고 오락실도 많이 다녔어요.

고등학생 1학년 때 또다시 독서를 좋아하는 친구를 만났습니다. 한국 문학에 세계 문학까지 두루두루 읽게 됐고, 고2 때 신문을 많이 보기 시작해서 고 3 초반까지 하루에 2시간씩 신문을 읽었어요. 책과 신문을 꾸준히 읽었던 경험이 대학교 1학년 때 신문기자가 되겠다고 결심한 데에 영향을 줬을 겁니다. 자율학습 시간에 틈틈이 딴 짓을 하곤 했는데, 고2 때 자율학습을 빠지고 여고 축제에 놀러 갔어요. 초대장이 없어서 담을 넘었는데 나름 학창 시절 최대의 일탈이었죠.

어떤 기준으로 학과를 선택하셨나요?

고등학생 때 주로 진로와 학과 선택을 연결해서 생각하잖아요? 어떤 직업을 갖기 위해 ○○학과를 가야겠다고 생각하기도 하지만, 단순히 '이 학과가 인기 많으니까 가고 싶다'는 생각을 하는 친구들도 많습니다. 저도 고등학교 3년 동안 진로 고민을 하면서 꿈이 자주 바뀌었어요. 최종적으로 입시 성적과 비교해서 한국외국어대학교 영어학과를 선택했죠. 취업이 잘 될 것 같았거든요.

직업에 대해 진지하게 생각하기 시작한 건 대학교 1학년부터였습니다. 1학년 여름방학부터 '기자'가 되고 싶다는 생각이 들었어요. 글 쓰는 스트레스가 높은 편도 아니었고, 하고 싶은 걸 하면서 사회적으로도 인정받는 직업 같았죠. 기자를 희망한 건 역시 고등학생 때 신문을 다양하게 읽은 경험 덕분이었을 거예요. 그래서 1학년 2학기 때 학보사에 가입했고 졸업 즈음까지 신문 기자라는 꿈은 바뀌지 않았습니다.

Question **혹시 동아리 활동도 하셨나요?**

대학교에 다니는 내내 독서를 놓지 않았는데요. 군대 가기 전 2년 동안 200권 정도 읽었더라고요. 3일에 한 권씩 본 셈인데 역시 독서를 좋아했던 대학교 친구에게 영향을 받았습니다. 이때부터 사회과학 서적을 펴기 시작했는데요. 강준만 교수의 책은 다 읽었고, 당시 기자였던 손석춘 교수의 저서나 사회과학 이론서, 바이블 같은 철학책을 읽었습니다. 손석춘 기자 같이 책 쓰는 언론인들을 보며 책을 내고 싶다는 생각도 했었죠.

1학년 때 기자라는 진로를 정한 게 동기부여가 많이 됐어요. 내가 사회과학 동아리에 가입한 것도, 다양한 분야의 책을 읽은 것도 그냥 노는 게 아니라 목표를 이루기 위한 과정이었던 거죠.

Question 신문 기자에서 PD로, 진로를 바꾼 계기가 궁금합니다.

앞서 말했지만 원래 목표는 기자였어요. 대학 시절 8년이라는 시간을 기자가 되기 위해 몰두했죠. 그러다가 한 신문사 기자로 일하게 됐는데, 신문사의 환경이 제가 꿈꾸던 기자 생활과는 거리가 있었어요. 그래서 다시 언론사 취업을 준비했는데, 기자와 PD 시험은 지금도 아주 비슷해요. 당시 여러 곳에 지원했고 제 손을 잡아준 곳이 EBS였습니다. 어쩌다가 PD가 돼버려서 초기에는 직업의식도 전혀 없었고 후회도 많이 했습니다.

Question PD 초년생 시절, 에피소드가 있다면 들려주세요.

기자를 꿈꾸다가 방송국 PD로 입사했기 때문에 '내가 PD를 잘 할 수 있을까?' 라는 고민을 많이 했어요. PD는 창의력이, 기자는 논리력이 중요하다는 고정관념을 갖고 있었으니까요. 여러 스태프와 어울려 일하는 것도 부담이었고, 영상 편집기는 보기만 해도 울렁거렸죠. 어린이 대상 프로그램을 처음 배정받았는데요, 동기들의 기피 대상 1순위였어요. 시사교양 PD가 되려고 했는데 어린이들과 일하는 게 개인적인 발전에 도움이 되지 않을 거라고 생각했죠. 그러니 일할 기분이 날 수도 없었고요. 입사 초에는 '싫어도 해야 하는 일'을 얼마나 잘 해내는지가 관건이었어요. '하고 싶은 일'은 꿈꾸기도 어려웠고요.

그로부터 5년 후, 아이러니하게도 PD로서 대중의 사랑을 받게 된 프로젝트가 육아 다큐멘터리 <아이의 사생활>이었습니다. 이 작업으로 '한국PD대상'에서 상을 받기도 하고, 책도 써보면서 상상을 뛰어넘는 기회를 얻었어요. 프로그램을 제작하며 알게 된 아이들의 힘을 보고 '자존심'만 강했던 나를 되돌아볼 수 있었죠. '자존감'의 중요성을 깨달은 겁니다. 이후 PD를 바라보는 제 생각은 완전히 바뀌었죠. 기자가 아닌 PD가 된 것이 천운이라고 말할 정도였으니까요.

제작에 참여한 프로그램 중
가장 기억에 프로그램은 무엇인가요?

　2007년 2월 <시대의 초상>이라는 다큐멘터리를 만들었어요. 유명인의 자전적 인터뷰 다큐멘터리였는데요. 1회였던 이문열 작가 편이 기억에 남습니다. 입사 5년 차였는데 이 정도 경력의 PD가 맡기에 <시대의 초상>은 좀 묵직한 프로그램이었어요. 게다가 편성이 당겨지면서 제작할 시간도 너무 촉박했죠. 보통 프로그램을 제작할 때도 2~3일 집에 못 갈 때는 있었는데 그땐 열흘 연속으로 회사에서 잤어요. 그만큼 프로그램에 많은 에너지를 쏟아 부었고, 당시에 비주얼 적으로도 실험적인 영상이었습니다. 어려운 작업이었지만 <시대의 초상>을 만들고 나니 웬만한 다큐멘터리는 다 만들 수 있겠다는 자신감이 생겼어요. 저를 업계에 처음 알린 프로그램이기도 했죠.

　저는 '성공 경험'의 가치가 굉장히 중요하다고 생각해요. 적성을 발견하고 재능을 키우려면 작은 성공이라도 자꾸 경험해보는 것이 스스로를 강하게 만드는 방법이거든요. 그 과정이 생략되면 좋아서 시작한 일이라도 내가 정말 이 일을 좋아하는 건지 알 수 없게 될 때가 많아요.

▶ 2007년, 기획 다큐 <시대의 초상> 크로마실

▶ 요르단 연수 중 나영석PD와 함께

▶ 2010년, 피디저널 인터뷰

▶ 2009년, PD대상 수상

발견하고
탐구하기

Question EBS는 어떤 방송국인가요?

EBS는 방송으로 교육을 하는 특수 방송입니다. KBS처럼 '공사' 형태로 조직된 곳이고 평생교육과 학교 교육의 보완을 중요한 목표로 삼고 있어요. 수험생들은 잘 알겠지만 인터넷 강의도 많이 하고, 수능 전문 사이트, 영어 전문 사이트, 영어 교육 채널을 갖고 있죠. 입시설명회도 진행하고요. 간단히 정리하자면 교육 콘텐츠를 전반적으로 다루는 방송사입니다.

Question 다양한 프로그램 중 '다큐멘터리'를 선택한 이유가 무엇인가요?

내 프로그램을 만들면서 공부를 하게 되고 호기심을 충족시킨다는 점이 매력적이었습니다. 장기 프로젝트를 하다 보면 논문 한 편을 쓰는구나 싶어요. <언어발달의 수수께끼>를 제작할 때는 책을 많이 읽고 사람도 많이 만나면서 제가 하고 싶은 공부를 할 수 있었어요. <아이의 사생활>은 '인간이 성장하는 심리적 기제는 무엇인가'에 대한 답을 찾아가는 과정이었죠. 프로그램을 한 편 끝내면 준전문가가 됩니다. 제가 맡고 있는 교양 다큐멘터리 PD들의 장점이에요.

결국은 '새로운 발견'에 달린 것 같아요. 새로운 것을 탐구하려고 하는 다큐멘터리인지, 시사회를 할 때 작품을 통해 무슨 이야기를 하고 싶은지 명확히 전달하고 있는지가 중요합니다. 그게 안 되면 아무리 멋있게 찍고 재밌는 소재를 다뤘다고 해도 힘이 떨어져요.

좋은 다큐멘터리 PD도 마찬가지예요. PD는 항상 새로움을 위해 도전해야 합니다. 예능 PD들도 마찬가지인데, 그래서 <무한도전>이 대단하다고 생각했어요. 오래전에 방송된 <잘 먹고 잘 사는 법>이라는 다큐멘터리도 문제의식이 신선해서 좋았죠. <PD수첩>의 도전정신도 멋있었어요. 그런데 요즘에는 그런 프로그램들이 잘 안 보이는 것 같아 아쉽습니다.

Question PD로서 가장 큰 고민은 무엇인가요?

한국에서 PD는 '프로듀서'와 '디렉터'를 겸임하는 자리입니다. 기획부터 제작 전반을 책임지는 사람이죠. 촬영하고 편집하는 것보다 어려운 건 프로젝트를 시작하는 초기 단계예요. 다큐멘터리라고 하면 '무엇을 보여줄 것인가', '어떤 새로운 내용을 전달할 것인가'처럼 핵심 문제를 세팅하는 게 정말 어려워요. 창의력과 밀접하게 연결되는 부분인데요. PD는 얼마나 새로운 생각을 하는지를 통해 역량을 평가받는데 다큐멘터리는 특히 더하죠. 새로운 진실을 보여줘야 하는 작업이니까요. PD로서 보여주고자 하는 새로움을 발견하고, 그를 토대로 프로젝트를 설정하는 것이 중요하고, 그걸 가능하게 하는 힘이 창의력이에요. 그래서 PD들은 '기획안' 이야기를 많이 하고, 기획안으로 승부하는 사람들일 수밖에 없습니다.

Question PD로서 전문성을 쌓기 위해 해왔던 노력은?

그런 노력을 잘 안 한 편이에요. 처음에는 다큐멘터리만 하겠다는 생각을 고수했는데 그때는 그래야 전문성이 생긴다고 생각했어요. 다음에는 아무도 하지 않은 새로운 것, 특집 프로그램 위주로 제작하겠다고 생각했죠. <아이의 사생활>로 주목받은 뒤엔 '육아'에 관한 제안이 많이 들어와서 이분야만 다룰까 생각하기도 했어요. 그런데 끌리지 않더라고요.

저는 전문성을 키우기보다 인생을 살아가며 새로운 경험을 이어가는 게 중요하다고 생각합니다. 그게 내 직업과도 가깝다면 더 좋을 테고요. 내가 낚시를 좋아한다면 낚시 방송을 만들면 더 행복한 PD가 되겠죠. 그런 마음가짐으로 살아오고 있습니다.

Question 저서가 있는 '작가'이기도 합니다. 어떤 책을 써오셨나요?

2011년 <언어 발달의 수수께끼> 방송을 끝내고 다음 프로그램 제작이 연기되면서 두 달 정도 공백이 생겼어요. 그때 제가 쓴 낙서로 <일생의 일>이라는 에세이를 썼어요. 2013년에 출간된 제 첫 책이었죠. 직업에 대해 고민한 자전적 성장 에세이였습니다. 두 번째 책이 <나는 고작 한 번 해봤을 뿐이다>인데요. 과분한 사랑을 받았습니다. 세 번째 책은 두 번째 책을 쓰다 연결됐어요. 위인들의 부모는 어떤 사람이었는지 사례를 모아봤어요. 딱히 상관관계는 없더라고요. 그래서 '위인들 중 부모에게 감사하다는 말을 언급한 사람들'에 주목했습니다. 위대한 인물의 성장 과정에서 부모로 인해 잠재력이 깨어난 순간이 있다는 거죠. 이걸 정리한 게 <부모라면 그들처럼>이라는 책이에요.

그다음엔 한 출판사 에디터가 책 집필을 권유했는데 제가 쓰고 싶은 주제가 아니어서, 역으로 '글쓰기 책을 쓰고 싶다'고 제안 했어요. 처음에는 잘 안 팔릴 거라고 출판사에서 싫어했죠. 그 책이 2019년에 출간한 '일단 오늘 한 줄 써봅시다'입니다. 다음 책에서는 글쓰기가 아이의 성장에 어떤 영향을 주는지 탐구해보려고 해요.

Question **PD 업무와 작가 활동을 병행하는 이유는 무엇인가요?**

창조적 활동이라는 점에서 본질은 같다고 생각해요. 저는 PD로서 창조적 활동을 하고, 개인으로서 책을 쓰는 일을 통해 탐구하고 있습니다. 일생에서 제일 중요한 게 탐구라고 생각해서, 다양한 경험을 통해 작가로서 주변을 좀 더 깊게 바라보고 싶습니다.

흥미와 경험으로 적성을 찾다

▶ 2014년, 생명과학보도상 수상

▶ 2015년, 모바일 육아학교

▶ 2016년, 대학교 강의

▶ 2017년, 학부모 토크콘서트 참여

하루 일과는 장르에 따라 천차만별입니다. 다큐멘터리만 봐도 주간, 월간, 연간 다큐멘터리가 있고, 당연히 하루 스케줄도 확연히 다릅니다. 그래도 '기획, 촬영, 편집'이라는 기본 원칙은 동일해요. PD는 프로그램 기획을 위해 제작진과 아이템을 찾고 전문가와 장소 등을 섭외합니다. 촬영은 국내와 해외 촬영, 장기·단기 촬영으로 나뉘고, 편집은 외부 편집팀의 도움을 받기도 합니다.

주간으로 방송되는 다큐멘터리는 기획 하루, 촬영 이틀, 편집 이틀 정도를 두고 제작해요. 월간은 일주일 동안 기획하면서 아이템을 찾고 작가와 회의를 한 뒤 2, 3주차에 촬영합니다. 4주째에 편집에 들어가서 다 마치면 방송으로 송출되죠. '다큐프라임' 같은 장기 기획 프로그램은 1년에 3부작을 제작한다고 했을 때 한 편에 4개월 씩 걸려요. 이럴 때는 기획에 한 달을 투자하죠. 촬영과 편집 기간도 비례해서 늘어나는데 장기 프로젝트다보니 내용의 정확도를 높이기 위해 '감수' 단계가 중요해집니다.

Question PD가 되려면 어떤 연습이 필요할까요?

글 잘 쓰는 작가가 되려면 책을 많이 읽어야 하고, 뛰어난 투수가 되려면 하루에도 수많은 공을 던져야 하듯, PD는 프로그램을 많이 봐야 합니다. 여러 프로그램을 보다 보면 어느 순간 제작자의 시선을 발견하게 됩니다. 왜 이런 프로그램을 기획했고, 촬영과 편집 방식을 선택한 이유, 배경음악을 선정한 이유같이 프로그램을 구성하는 작은 요소들의 존재 이유를 파악해가면서 좋은 프로그램의 비결을 알게 되죠.

요즘은 PD의 범위가 꽤 넓어졌는데, '방송국 PD가 된다'를 전제하고 이야기해볼게요. 방송국도 기업이라 입사 시험이 정해져 있어요. 방송사와 언론사 시험이 비슷한 편이라 보통 대학 때 뜻이 맞는 친구들과 모여 스터디를 합니다. 시사 상식을 공부하고 논술이나 작문을 공부하는 방식은 수능과 비슷한 면도 있죠. 요즘은 전공을 잘 따지지 않는 편이고요. 중·고등학생 때부터 책을 꾸준히 읽으면 좋겠지만, 대학 1, 2학년 때라도 책을 많이 읽으면 입사 시험을 준비할 때도, 합격해서 PD로 일할 때도 큰 힘이 됩니다.

여기까지는 지금 방송국 PD로서 할 수 있는 이야기고요. 앞으로는 다양한 인터넷 미디어의 등장으로 PD 채용에도 변화가 생길 겁니다. 하지만 '본질'은 남을 수밖에 없어요. '의사소통 능력'과 '비판적 사고 능력'은 계속 요구되겠죠. 꾸준히 독서하고 교우 관계가 좋은 사람은 어떤 분야를 선택하더라도 유리할 거라고 봅니다.

Question 변화하는 환경 속에서 방송국 PD로서의 경쟁력은?

미디어 경쟁이 심해졌어요. 라이벌이 늘어나 과거 미디어 시장을 독과점하고 있던 방송국 사람들이 역으로 피해자가 되고 있죠. 한편으로 현실을 직시하게 된 순간이기도 합니다. 변화 속에서 PD라는 직업의 범위도 정말 넓어졌어요. 플랫폼도 방송국, 유튜브, 넷플릭스 등 다양해지고 있죠. 하지만 미디어는 변해도 콘텐츠의 힘과 필요성은 지속될 겁니다. 방송국 PD는 방송의 강점을 잘 살려야 돼요. 지금은 과도기인 것 같은데, 유튜브 형식을 흉내 내는 건 위험하다고 생각해요. 오히려 유튜브 크리에이터들이 할 수 없는 작업물을 만들어야 합니다. PD 개인이 핵심 경쟁력을 찾아내고 지상파 방송만이 할 수 있는 프로그램을 만들어 나가야겠죠. 그걸 놓치면 지상파 방송국이 존재할 이유가 있을까요?

창의력을 어떻게 키울 수 있을까요?

사람은 누구나 창의적입니다. 아주 어린아이들을 관찰해보면 바로 알 수 있죠. 그런데 입시와 취업 때문에 스펙을 쌓고 경쟁에 치이면서 시야가 좁아져요. 이 시간을 거치며 많은 사람들이 잠시 창의성을 잃어버립니다. 창의성은 '융합'을 통해 생기고 발달할 수 있어요. 신문방송학과 학생이라면 마케팅이나 경영 분야 책을 한번 읽어보세요. 분야는 다르지만 결국 같은 이야기를 해요. '사람을 설득하는 일' 말이죠. 이런 식으로 본질을 깨닫게 되면 무수한 방법과 아이디어가 뇌 속에서 서로 융합할 준비를 합니다. 조급해하지 말고 느슨한 태도로 사람도 많이 만나고, 책도 읽다보면 창의력으로 무장한 인재가 돼있을 거예요.

Question 인생에 큰 영향을 끼친 책이 있다면 소개해주세요.

에드워드 L. 데시의 <마음의 작동법>을 꼽고 싶어요. '자기결정성 이론'을 대중적으로 풀어낸 책인데요. '성공 경험'이 이 이론의 핵심 개념 중 하나예요. 성공으로 이어지는 경험은 누구에게나 강렬하게 남죠. 특히 처음으로, 크게 이뤄낸 경험은 인생의 큰 부분을 차지합니다. 이런 성공 경험을 통해 나를 성장시킬 수 있고요. 저도 <시대의 초상> 이문열 편과 <아이의 사생활>을 만들면서 크게 느꼈습니다.

▶ 에드워드 L. 데시, <마음의 작동법>

이미지 출처: 네이버 책

콘텐츠를 제작하는 사람들이 자기 적성을 어떻게 찾으면 좋을까요?

한 마디로 말하면 '경험'이 중요하죠. '흥미'는 적성의 전 단계입니다. 만약 내가 관심 있는 일을 해봤는데 못하면 그건 적성이 아니에요. 그냥 흥미인거죠. 그래서 흥미로운 일을 반복적으로 경험해봐야 합니다. 꿈을 찾기 위해 진로를 미리 설정하는 것도 중요하지만, 그게 정말 내 적성이 맞는지는 귀납적으로, 경험의 반복을 통해 발견될 때가 많아요. 경험을 반복하려면? 실천을 해야겠죠.

주위를 둘러보면 포기하는 습관을 가진 분들이 있어요. 그건 좋지 않습니다. 경험해보지 않고 무언가를 단정 지을 수는 없어요. 내가 대단히 좋아하지 않는 것이라도 내 임무로 주어졌다면 그 속에서 재밌는 요소를 찾아낼 줄도 알아야 해요. 만약 실천하기 어렵다면 주위에 다양한 경험을 쌓고 있는 친구들과 교류해보는 것도 문제해결 방법이 될 수 있습니다.

PD를 꿈꾸는 청소년들에게 한마디 부탁드려요.

'○○○○에 취업하고 싶다'라는 말은 꿈이 아닙니다. '바이오산업 전문연구원이 되고 싶다', '칸 영화제에서 수상하는 영화감독이 되고 싶다'와 같은 게 꿈이죠. 대학을 선택할 때도 마찬가지에요. 특정 대학교, 특정 전공에 입학하겠다는 것보다 '방송을 만들고 싶다'는 목표가 중요하죠. 기왕이면 드라마, 예능, 다큐멘터리 같은 분야를 정하고, 만약 예능이라고 하면 버라이어티, 공개 코미디, 토크쇼, 음악방송 같이 구체적인 그림을 그려보길 바랍니다. 그러고 나서 대학이냐 전공이냐의 갈림길에 놓일 때 전 전공을 찾아가라고 말하고 싶어요. 간판이 밥 먹여주는 시대는 저물고 있거든요.

작은 이야기를 좋아했다. 어려서부터 친구들에게 이야기를 해 주는 걸 좋아했고 여고 시절엔 공책에 소설을 써서 친구들과 돌려보곤 했다. 직업으로서 '작가', 'PD'에 관심 있던 건 아니었다. 그저 작고 소소한 우리들의 이야기를 재미있게 전하는 게 좋았다. 대학생이 되어선 다양한 동아리와 외부 활동을 경험하며 하고 싶은 일을 찾아 나섰다. 그러다 방송 세상이 궁금해 무작정 방송 제작사에 인턴으로 들어갔다. 그곳에서 작은 이야기를 전하는 일을 찾았다. 짧은 웹드라마를 만드는 건 친구들에게 이야기를 전하는 것과 같았다. 일상이 직업이 되자 하루하루가 설렘이었다.

지금은 웹드라마뿐 아니라 에세이, 미드폼 드라마 등 다양한 이야기를 시도하고 있다. 앞으로도 드라마, 영화, 라디오 등 글의 형태를 떠나 늘 이야기를 하는 사람으로 살아가고 싶다.

와이낫미디어
이나은 PD

현) 프리랜서 작가

경력
- MBC 크로스드라마 <연애미수> 극본
- 에세이 <전지적 짝사랑 시점> 출간
- 웹드라마 <전지적 짝사랑 시점> 전 시즌 연출/극본
- 와이낫미디어 PD&WRITER

학력
서울시립대학교 국제관계학 전공

PD의 스케줄

이나은
PD의
하루

* 웹드라마 <전지적 짝사랑 시점> 촬영 기준 일과입니다

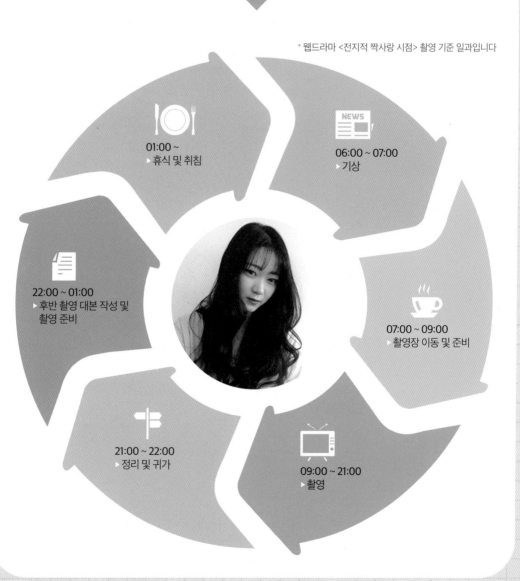

01:00 ~
▸ 휴식 및 취침

06:00 ~ 07:00
▸ 기상

07:00 ~ 09:00
▸ 촬영장 이동 및 준비

22:00 ~ 01:00
▸ 후반 촬영 대본 작성 및
  촬영 준비

21:00 ~ 22:00
▸ 정리 및 귀가

09:00 ~ 21:00
▸ 촬영

보고 쓰고
말하고 기획하며
배우다

▶ 십대 시절의 나

▶ 캐나다 퀘벡 여행 중에 드라마 '도깨비' 촬영지에서

▶ 프랑스 파리 여행 중에

초중고 시절, 어떻게 보내셨나요?

이야기하는 걸 좋아했고 말이 많은 학생이었어요. 여고를 다녔는데 학교에서 선생님과 학생의 로맨스를 다룬 팬픽도 썼거든요. 나름대로 진지하지만 웃기게요. 제가 쓴 이야기를 친구들끼리 돌려서 보고 재밌어하는 반응이 좋았던 것 같아요. 고등학생 때는 공부를 열심히 했어요. 반장도 했고 그때는 학교생활이 제 전부여서 밖으로 나가기보다 학교 안에서 놀았었죠. 선생님, 친구들과도 두루 친했고요.

Question 대학교에 진학한 후 어떤 활동을 하셨나요?

고등학생 때 억눌렸던 부담감이 해소돼서 그런지 대학생 때 정말 열심히 놀았어요. 학생회도 하고 성인이니까 술도 많이 마셔보고, 동아리만 10개 정도 했었습니다. 전공은 정치외교 쪽이었는데요. 1학년 때 제게 맞지 않은 전공이라는 걸 깨달았어요. 그래서 전공 대신 교양 수업을 더 많이 들었고 외부 활동을 병행하면서 좋아하는 게 뭔지 찾아갔던 것 같습니다. 교내에서는 스쿼시 같은 운동 동아리, 마술 동아리부터, 학과에 개설된 미국·중국·일본 국제 정치 소모임에 가입했었어요. '인액터스'라는 연합 동아리에서도 활동했는데, 여기서는 프로젝트를 기획하는 게 재밌었어요. 동아리 활동 자체도 재밌었지만 사람 만나는 걸 더 좋아했어요.

PD가 되기로 한 결정적인 계기가 있을까요?

　결과적으로 제가 PD가 됐기 때문에 드는 생각인데요. 우선 PD가 꿈이었던 적은 없었습니다. 대신 '기획'하는 걸 좋아했던 건 확실해요. 없던 것, 무(無)에서 새로운 이야기를 지어내는 창작 욕심이 많았어요. KBS 드라마 <프로듀사>에서 <1박 2일> PD들의 삶을 픽션을 섞어서 보여줬는데, 그 작품을 보면서 PD가 매력 있다고 느꼈습니다. 인생 드라마로 꼽는 작품 중 하나인 <그들이 사는 세상>도 PD 이야기였고요. 드라마 속 PD를 보며 주도적으로 일하고 출연자와 적극적으로 소통하는 모습이 인상적으로 다가왔어요.

PD가 되는 데 영향을 미친 영화나 TV 프로그램이 있나요?

　<무한도전>이 제일 먼저 떠올라요. PD가 화면에 출연한다는 자체가 놀라웠죠. <1박 2일>도 그랬고 PD나 제작진이 작품에 본격적으로 출연하기 시작했는데 <무한도전>의 출연진과 스태프의 호흡이 특히 인상적이었어요. 그리고 한번은 카메라가 스태프 방향으로 돌았는데, 촬영장에 20~30명이나 되는 관계자들이 모여 있는 거예요. 그날 정말 많은 사람이 합작해 프로그램 하나가 나오는 걸 알았어요. 다른 이유로 <무한도전>의 자막 센스도 진짜 좋았죠. 어린 마음에 '나도 센스 있는 자막을 잘 달 수 있지 않을까'라고 생각했던 적도 있었죠.

　솔직히 고백하면 제가 드라마를 하게 될 줄 몰랐어요. 예능을 만들고 싶어서 제작사에 들어온 사람이거든요. 그래도 드라마는 워낙 좋아했고 <내 이름은 김삼순>, <발리에서 생긴 일>, <연애시대> 같은 예전 작품을 특히 좋아해요. 드라마 제작을 일로 삼은 후부터 요즘 드라마는 잘 못 보겠어요. 무의식적으로 내용이나 표현을 카피할까 두렵기도 하거든요.

　또, <섹스 앤 더 시티>에서 칼럼 작가로 살아가는 캐리를 보며 위로도 많이 받았고, 여자로서, 작가로서 삶을 성찰하기도 했죠.

Question **<전지적 짝사랑 시점>의 시작이 궁금합니다.**

와이낫미디어의 창립 멤버가 되면서 스물셋 어린 인턴이었던 제게도 프로그램을 기획할 기회가 생겼어요. 신나서 기획안을 8개나 들고 회의에 들어갔는데 모두 스토리 기반이었어요. 그중에 <전짝시>가 있었습니다. 내부에서는 반신반의하는 분위기였어요. 짝사랑으로 에피소드를 다양하게 풀어내기 어렵다는 의견이 많았죠. 그 말을 들은 날, 한 시간 만에 대본 네 편을 만들어서 네 가지 짝사랑을 보여드렸어요. 이야기의 확장성이 충분하다는 걸 어필할 수 있었고 덕분에 <전짝시>가 탄생할 수 있었습니다.

Question **첫 입봉작, <전짝시>를 제작하는 동안**
기억에 남는 일은?

웹드라마니까 하게 된 경험인데요, 처음 <전짝시>를 촬영할 때 배우 2명, 스태프 4명 그리고 저까지 7명이 현장에 나갔어요. 웹드라마의 인지도가 거의 없었던 시절이기 때문에 제작비도 정말 적었죠. 그때는 스스로도 거창한 목표나 대작을 꿈꾸기보다 기획한 걸 실험해보는 기회라 여겼고요.

당시 상수동에 사무실이 있었는데요. 하도 상수동에서만 찍는다고 배우들이 농담으로 저를 '나상수'라고 불렀어요. 제작비가 없어서 길거리에서 도둑 촬영하듯이 외부 촬영만 했는데, <전짝시> 시즌 1을 다시 보면 야간 신이 하나도 없을 거예요. 정말 많이 고생했지만 그 덕분에 스태프, 배우들과 끈끈한 관계를 만들 수 있었습니다.

Question 〈전짝시〉 에피소드 중

특별히 기억에 남는 편이 있다면요?

시즌 2에 양혜지 배우가 나온 '에피소드3 : 술의 신'이 생각나요. 편의점에서 술에 취한 혜지가 아르바이트생 폰 번호를 따내는 내용인데요. 실제로 제가 겪은 일을 살짝만 각색한 거라 3분 만에 대본을 썼어요. 이 에피소드를 저녁 7시에 올리고 뒤풀이를 하고 있는데 자꾸 핸드폰 알람이 뜨는 거예요. 밤 11시쯤 되니까 조회 수가 100만 뷰를 넘어 있었고, 다른 에피소드와 시즌 1까지 역주행하기 시작했어요. 지금은 페이스북에서만 1,000만 뷰가 넘었거든요? 그 '속도감'이 정말 인상 깊었어요. 그때부터 작품도 탄력을 받았고, 업로드를 기다렸다가 보는 시청자도 많아졌어요. 잘된 에피소드이기도 하지만 제가 겪은 이야기를 써서 더 애착이 느껴집니다.

Question 웹드라마 PD가 되었을 때 주변 반응이 궁금합니다.

처음에는 제가 〈전짝시〉를 만들고 있다는 걸 숨겼어요. 시즌 2가 끝났을 때 제 페이스북에 제 이름이 적힌 크레딧을 캡처해 올렸죠. 친구들은 내 글을 보고 울고 울었다는 사실에 치를 떨었고, 대학 동기들은 전공과 너무 달라서 충격적이라고 말하더라고요. 고등학교 친구들은 제 성향을 아니까 '이럴 줄 알았다'는 반응이 많았습니다.

가족들 반응도 재밌었는데, 아버지는 저한테 정말 관심이 많아요. 제가 하는 일을 이미 완벽히 이해하고 있으셨고, 제 작품을 다 찾아보고 댓글까지 확인하셨어요. 어머니는 웹드라마가 뭔지 잘 모르셨지만 박보검과 촬영한 브랜디드 콘텐츠를 보고 깜짝 놀라셨어요. 그때부터 제 일을 이해하기 시작하셨습니다.

이야기를 만드는 사람

▶ 강연 중

▶ 작업 사진

▶ 촬영 현장에서

Question 〈전짝시〉 제작할 때 포인트가 있다면 소개해주세요.

'한 편에 하나의 메시지만 넣자'. 이거 하나만큼은 확고했어요. 초반에 〈전짝시〉 한 편 분량이 짧으면 1~3분, 길면 4~5분이었거든요? 시청자가 페이스북 피드를 쭉쭉 넘기다가 눈길을 끄는 포인트가 하나 있었으면 좋겠다고 생각했습니다. 시청자의 시간을 많이 빼앗지 않으면서 기억에 남는 대사를 하나씩 전해주는 게 목표였어요. '캐릭터를 사랑할 수 있게 만들자'는 목표도 있었습니다. 영화에서 볼법한 환상적인 캐릭터가 아니라 현실에서 마주칠 수 있는 존재에게 매력을 하나씩만 더해주자는 거였죠. 그러면 시청자에게 효과적으로 다가갈 수 있을 거라 생각했습니다.

Question 이야기의 영감은 주로 어디서 얻나요?

제 생각과 경험에서 출발해 조금씩 넓혀 나가요. 다양한 분야에서 일하는 친구들이 많아 이야기를 많이 듣는데, 지금까지 만든 모든 캐릭터들은 친구들이 모델이에요. 친구들의 특징을 따오는 거죠. 영화나 드라마, 책에서 간접 경험을 할 때도 있어요. '전짝시'는 제가 대학생 때 겪었던 경험을 압축시킨 작품입니다. '알바왕' 캐릭터인 조기성은 제가 아르바이트를 하면서 겪었던 경험의 집합체고, 양혜지의 짝사랑도 많은 부분이 제 것이었어요. 혜지처럼 누군가를 쫓아다녀 보고, 실제로 했던 말이 대사가 됐죠.

편지를 좋아해서 친구들이나 예전 남자친구와 주고받은 편지까지 아직 보관하고 있는데요, 감정이 충분하지 않거나 떠오르지 않을 때면 방 한켠에 보관해 둔 편지를 꺼내서 영감을 받기도 합니다. 일기장을 펼 때도 있고요. 한번은 친구가 놀러 와서 제가 작업하는 걸 보더니 저한테 '감정노동자'라고 말하기도 하더군요.

TV 드라마는 판타지, 사극같이 훨씬 큰 그림과 이야기를 담을 수 있습니다. 웹드라마는 방송국이 너무 작기에 다루지 않는 이야기를 담아야 한다고 생각해요. 현실적인 이야기를 풀 수 있는 플랫폼이니까요. '편의점에 갔는데 아르바이트생이 잘생겼더라' 같은 포인트가 웹드라마의 출발점이에요. '시청자가 버스나 지하철에서 잠시 볼 수 있는 드라마니까 나와 친구들 사이에서 벌어질 수 있는 이야기를 쉽게 풀어주면 더 좋지 않을까'라고 고민한 결과죠.

그래서 억지스럽지 않고 있을 법한 이야기가 좋은 스토리이지 않을까 생각합니다. 웹드라마 플랫폼도 쉽게 댓글을 달고 공유하고, 친구를 태그하는 곳이니까 '공감'이 더욱 중요하죠. 그러니 스토리텔링에 리얼리티를 생각하지 않을 수 없어요. 물론 웹드라마도 언젠간 장르가 다양해져야 한다고 생각하지만, 제작 여건상 아직은 너무 판타스틱한 구성보다 작은 이야기에 몰두해야 할 시점 같아요.

Question 도전해보고 싶은 다른 장르의 웹드라마가 있나요?

수면장애가 좀 심한 편인데, 잠을 깊게 못 자다 보니 꿈을 꾸지 않은 날이 없어요. 뭔가를 생각하다가 잠들면 그대로 꿈으로 이어질 때도 많죠. 저에게 꿈은 제2의 현실이에요. 꿈과 현실을 끊임없이 오가는 이야기를 써보고 싶습니다. 현실적이지만 상상력을 약간 더해서요. 언제가 될지 모르지만 잘 표현할 수 있을 때 한번 도전해보고 싶습니다.

내 인생에 큰 영향을 준 책이 있다면?

아다치 미츠루의 <터치>라고 순정만화의 정석 같은 작품이 있어요. 저희 대표님이 추천해주셨는데요. tvN <응답하라> 시리즈의 모티프가 된 작품이기도 하죠. <전짝시> 시즌 3까지 쓰고 나서 계속 새로운 걸 보여줘야 한다는 강박에 시달리고 있을 때 '터치'를 봤어요. 정말 클래식한 청춘 로맨스였는데 출간한 지 오래된 작품인데도 금방 몰입해 읽었어요. 그런 저를 보면서 '힘을 갖춘 스토리라면 대중을 몰입하게 만들 수 있겠구나'라고 깨달았습니다. 물론 변화도 중요하지만 이 작품 덕분에 강박관념을 없앨 수 있어서 다행이었어요.

현재 창작자로서 가장 큰 고민이 있다면요?

첫 작품인 <전짝시>가 흥행한 웹드라마가 됐잖아요? 운이 정말 좋았던 것 같아요. 제작할 당시는 별생각이 없었는데 시즌이 끝난 뒤 고민이 많아졌습니다. <전짝시>를 제작할 때는 저도 대학생이었고, 생생하게 경험을 떠올리고 담아낼 수 있었어요. 시청자들과 공감하기도 유리했죠. 하지만 저도 나이가 들고 생각이 변화하고 있어서 변화하는 내 모습대로 글을 썼을 때 시청자들이 공감할 수 있을지 두렵기도 해요. 시청자들의 평가는 냉정하니까요. 한계가 올 수도 있다는 고민이 들어요. 아마 창작자들이 평생 느낄 고민이겠죠?

▶ 현장 스틸컷

작가,
PD가 되다

▶ 현장 스틸컷

▶ 현장 스틸컷

저는 PD면서 작가이기도 하니까 두 가지 삶을 동시에 살아가고 있어요. 먼저 작가로서 차기작을 준비하는 2년 동안 밤낮이 바뀌었어요. 아무래도 새벽에 영감을 많이 받다 보니까요. 보통 아침 8~9시에 잠들어서 오후 1~2시에 일어나 운동이나 산책을 했어요. 집에 돌아와 식사를 하고 시간을 보낸 뒤 저녁 10시쯤 글을 쓰기 시작하죠. 처음부터 술술 써지는 날은 별로 없어서 이것저것 쓰다가 몰입하는 순간이 오는데 그게 새벽 3시 전후예요. 그때부터 집중해서 열심히 쓴 다음 오전 6시쯤 냉정하게 다시 읽어봅니다. 이때 글을 객관적으로 보면서 다듬을 수 있어요. 이렇게 2년을 살았습니다. 저녁에 틈틈이 친구를 만날 때도 있었지만 새벽만큼은 오롯이 창작을 위한 시간을 보냈어요.

'전지적 짝사랑 시점' 촬영은 일주일에 2~3번 정도 했어요. 주로 이틀 촬영하고 많으면 3일을 나갔죠. 초반에는 제가 찍고 쓰고 다 해서 촬영을 마치면 집에 돌아와 대본을 썼어요. 다음날 그 대본을 연기자에게 주고 2~3일 동안 숙지하게 한 뒤 촬영에 돌입합니다. 대본과 촬영을 병행했으니 거의 '쪽대본'일 수밖에 없었어요. 그래도 시즌 3 때는 제작 기간이 좀 여유가 있어서 대본을 다 써놓고 촬영할 수 있었죠.

작가 겸 PD를 병행할 때의 장단점이 있을까요?

아주 명확한 장단점이 있는데요. 우선, 제가 쓴 글을 그대로 연출해 드라마로 만들 수 있다는 건 좋죠. 제 마음대로 다 시도해볼 수 있었어요. 하지만 PD와 작가가 하나라 항상 저 자신과 싸워야 했습니다. 모든 책임은 제게 있었고 다른 관점을 확인할 방법이 별로 없었어요. 작가와 PD가 분리되면 이견을 조율하고 부딪치는 과정에서 더 좋은 결과가 나올 수 있잖아요? 원하는 바대로 만들 수 있는 건 분명 장점이었지만, 제가 생각한 시나리오와 장면이 정답인지에는 항상 물음표가 따라붙었어요. 그래서 거듭 검토해야 했죠. 차기작은 작가로서 제작에 참여하고 있어요. 감독님과 대화를 많이 나누고 있고, 각자의 의견을 존중하며 더 나은 결과물을 내놓기 위해 노력하고 있습니다.

Question 'PD'로서 차별화된 노력이 있다면 소개해주세요

<전짝시>를 하면서 PD 직함을 받았지만, 처음부터 PD로 일한 게 아니었기 때문에 정식으로 연출, 촬영, 편집을 배운 적이 없었어요. 대사의 흐름과 앵글만 보면서 흘러갔기 때문에 시즌 2, 3을 거치면서 다른 PD에 비해 전문성이 떨어진다는 자격지심을 느끼기도 했죠. 고민이 많았지만 저는 스토리를 직접 쓰는 사람이기 때문에 '스토리의 흐름을 가장 잘 반영할 줄 아는 PD가 되자'고 방향을 정했고, 그게 저만의 차별성이라고 믿었어요. 그래서 저는 촬영 현장에 가면 모니터 앞보다 배우들과 더 붙어 있어요. 촬영이나 조명은 제작진에게 물어봐서 확인하죠. 전문가들이니까요. 그 시간에 저는 배우들의 감정에 디렉션을 집중하고 있습니다.

웹드라마 PD는 시청자와 밀접한 관계를 유지해야 합니다. 항상 맞닿아있어야 하죠. 와이낫미디어에 지원하기 전부터 저는 커뮤니티나 SNS에 올라오는 글과 짤, 10대의 표현들을 정말 많이 봤거든요? 사소한 부분일 수 있지만 그 속에서 트렌드나 문화, 요즘 아이들의 관심사를 알 수 있었습니다. 이런 시간이 모여 웹드라마를 만드는 데 도움이 됐어요.

저는 언론, 방송사 입사 시험이 현실과 괴리가 많다고 생각합니다. 국어시험, 상식 같은 형식적인 스킬보다 눈앞의 트렌드를 잘 이해하고 공감하는지가 더 중요할 것 같아요. 특히 저는 웹 콘텐츠를 제작하니까 웹과 모바일에서 사용자들이 어떻게 활동하고 콘텐츠를 소비하는지 아는 게 훨씬 중요하겠죠.

Question 뉴미디어 환경에서 웹콘텐츠 PD는 어떻게 대응해야 할까요?

과거보다 PD의 개인 역량이 더욱 중요해진 시기입니다. 저는 PD도 '크리에이터'라고 생각해요. 예전부터 드라마를 만들어 온 거장 PD들과 비교하면 웹드라마 PD는 훨씬 젊고 키치(틀에 얽매이지 않는)한 존재예요. PD 개인이 훌륭한 역량을 갖춰야 변화 속에서 살아남을 수 있을 거라 판단하고 있고, 그 조건은 직업이 아닌 크리에이터로서 PD가 되는 것입니다. 적어도 웹이라는 환경 안에서 만큼은요. 웹드라마만 해도 분량이 짧고 카메라 한 대로 PD가 원하는 장면을 찍을 수 있어요. 제작에 투자할 시간이 상대적으로 많죠. PD의 성격이나 취향을 작품 속에 적극적으로 담고 개인의 역량을 마음껏 펼칠 수 있다면 웹에서 더 좋은 생존력을 보여줄 수 있습니다.

Question 즐겨보는 콘텐츠가 있다면 소개해주세요

<라라랜드>, <본 투 비 블루>, <콜 미 바이 유어 네임>이 제 인생영화입니다. 사랑과 꿈 사이에서 갈등하고 결말이 명확하지 않다는 공통점이 있어요. 그게 제 취향이더라고요. 드라마도 세 가지 꼽자면 <응답하라> 시리즈, <내 이름은 김삼순>, <그들이 사는 세상>이에요. <응답하라>는 정형화된 드라마 시장에 새로운 형식과 소재를 제시한 작품입니다. 제게 더 많은 기회가 올 수 있겠다는 생각도 들었죠. <김삼순>은 정말 한없이 사랑스러워요. 삼순이의 대사와 행동에서 느껴지는 현실감, 시청자들에게 적당한 낭만과 판타지를 긁어주는 이야기가 매력적이죠. <그사세>는 인간을 바라보는 노희경 작가의 깊은 통찰을 존경하게 만드는 드라마입니다.

좋아하는 것과 싫어하는 것을 빨리 구분할 수 있었으면 합니다. 중·고등학생 내내 교복만 입다가 대학생이 되고 여러 옷을 입어보며 내게 맞는 스타일을 찾게 되는 것처럼 콘텐츠도 마찬가지 같아요. 막연하게 PD를 하고 싶다는 학생들이 많은데 정작 내가 원하는 그림이 뭔지 모르는 사람들이 많습니다. PD, 특히 웹 콘텐츠에 관심을 가지고 있다면 문구든 어떤 장면이든 좋아하는 이야기와 취향을 확고하게 걸러나갔으면 좋겠어요. 작은 이야기라도 영상으로 만들 수 있다는 생각을 구체화할 수 있으면 좋고요. 희망하는 직업을 거창하게 탐색하는 것보다 더 가치 있고 중요한 과정입니다.

중학생 때 한 기자의 책을 읽었다. 진실에 매달리고 목숨까지 거는 부나비 같은 그의 삶에 매료돼 기자의 꿈을 키웠다. 그런데 대학 방송반 활동을 하면서 진짜 내 적성을 찾았다. 매일 방송하는 뉴스 리포팅보다 매주 방송하는 교양이나 예능 프로그램이 더 좋았고 열정적이었다. 새로운 기획을 내고 구성하는데에 몰두했다. 그렇게 나는 PD라는 직업을 원하기 시작했다. 그러나 결과가 나는 족족 낙방. 포기할까 생각했지만 마음이 원하질 않았다.

"밑바닥부터 부딪혀보자"라고 다짐하며 시작한 프리랜서 조연출 생활. 오래가지 못할 거라는 말에 오기가 생겨 배우고 또 배웠다. 방송 키메라를 들고 산을 타고 동굴도 기어들어갔고 늪에도 빠져봤다. 현장에서 몸으로 부딪치며 배우는 방송의 매력은 기대 이상이었다. 엄수경 PD는 현재 <녹색의 꿈> 메인 연출자이며, 다음 프로그램을 위한 기획을 생각 중이다.

YTN사이언스
엄수경 PD

현) YTN사이언스 <녹색의 꿈>, <호기심팩토리> PD

경력
- YTN Life <해안누리길> VJ
- KBS1 <도전! k스타트업> 서브 PD
- YTN사이언스 <헬스라이프> VJ
- YTN사이언스 <인물포커스> AD
- EBS 학교교육기획부 AD

학력
숙명여자대학교 소비자경제학과 졸업(경영학 부전공)

PD의 스케줄

엄수경
PD의
하루

* 교양 PD의 하루입니다

(촬영하는 날 기준으로 하면 아침 일찍 또는
새벽 출발하여 밤까지 내리 촬영입니다.
혹은 출장으로 2박 3일 정도 촬영합니다.)

15:00~
▸ 영상편집
▸ 종합편집 및 후반 작업
 (CG, 자막, 음악, 성우
 더빙, 효과 추가)

07:00 ~ 08:00
▸ 기상

13:00 ~ 15:00
▸ 인터뷰 셀렉
▸ 자료 회의
▸ 구성 회의
▸ 최종 편집 구성 확정

08:00 ~ 09:00
▸ 출근

10:00 ~ 12:00
▸ 아이템 회의
▸ 섭외(장소, 사람 등) 확정

09:00 ~ 10:00
▸ 업무 일지 등
 하루 일과 정리
▸ 회의 준비

연예인을
꿈꾸던
초등학생

▶ 1989년, 3살 생일

▶ 2008년, 미국 어학연수 당시

▶ 2010년, 숙명여대 영어방송반 당시

▶ 호치민 여행

학창 시절에 관해 말해주세요

초등학생 때는 밝고 활동적이고 예체능 쪽으로 뛰어났어요. 특히 체육을 좋아하고 잘했는데 육상부를 오래 해서 수원시 대회에서 3등 상을 받기도 했죠. 반장도 많이 했고, 춤추고 노래하길 좋아해서 학예회나 수련회가 있을 때면 항상 장기자랑에 참가했습니다. 1세대 아이돌이 처음 등장하면서 안무를 따라 한 적도 많아요. 그래서 장래 희망이 연예인이기도 했죠.

그러다가 중학생이 되고 현실을 자각하게 됐는데, 제가 연예인이 될 만큼 끼가 많거나 예능감이 있는 건 아니더라고요. 아쉬워서 연예인을 좀 따라 다녀보기도 했어요. 중1 때 좋아하는 아이돌 그룹이 컴백해서 여의도 MBC에 간 적이 있어요. 너무 늦게 도착해 음악 방송 입장은 불가능했고 들어가는 모습이라도 보겠다는 심정으로 기다렸는데, MBC 사원증을 찬 아저씨들이 저한테 "이래서 들어갈 수 있겠니?"라고 하면서 방청권을 주셨어요. 그날 어린 마음에 '연예인을 보기 위해 방송국에 들어가면 좋겠다'는 생각을 했습니다.

제가 어릴 때만 해도 어른들 사이에서 방송국 하면 기자가 최고(?)였거든요. '방송국에서 일하고 싶다'고 하니 부모님께서 기자와 관련된 책을 사주셨고, 막연하게 신문방송학과에 진학해야겠다는 생각이 들어 공부를 시작했어요. 중3 때 전학을 간 다음부터 열심히 공부했죠. 수학을 좋아했는데 기본기가 부족하니까 학습지를 열심히 풀었었죠. 노력하니까 좋은 결과도 나오기 시작했고, 공부에 본격적으로 재미를 붙였습니다. 고등학생이 되고 나서는 다른 친구들이 그랬던 것처럼 공부에 더 집중할 수밖에 없는 상황이었고요.

Question 대학생 때는 어떤 활동을 했나요?

대학교에 가서 꿈을 좇겠다고 방송반에 가입했습니다. 제가 다닌 숙명여자대학교에는 'SBS'라는 교육 방송국, 영어 방송국 '헤드라인 뉴스팀' 등이 있었는데 처음엔 SBS에 가입했어요. 근데 요즘도 그런지는 모르겠지만, 4시 반에 학교에 나와서 라디오를 듣고 감상문을 쓰는 게 너무 힘들었어요. 스트레스를 많이 받아서 그만두고 미국으로 어학연수를 떠났습니다. 약간 도피성이었던 것 같기도 해요. 돌아와서 헤드라인 뉴스팀에 들어갔는데 수직적인 조직 문화가 상대적으로 덜했어요. 저학년이나 신입 부원들의 아이디어를 더 반영해주는 느낌이 들었죠.

헤드라인 뉴스팀에서 다양한 포맷의 영상을 제작했는데요. 한번은 한국의 관용적 표현을 영어로 어떻게 표현하는지 알려주는 영상을 만들었어요. "발이 넓다" 같은 말은 외국인들이 잘 모르니까요. 사소하지만 궁금한 학생들의 궁금증을 풀어주고 싶었죠. 아이템을 정하고 인사동 거리에서 외국인들을 만났어요. 인터뷰하는 게 힘들었지만 '영상이 재밌고 도움 됐다'는 학생들이 많아서 좋았습니다. 영어 방송을 만들면서 제가 전통적인 취재보다는 프로그램을 연출하고 구성하는데 더 흥미를 갖고 있다는 사실도 알게 되었죠.

Question PD가 되고 싶다는 마음은 언제 정하신 건가요?

제 모교는 언론, 방송계에 진출한 동문이 많아요. 전·현직 아나운서, 기자가 진행하는 멘토 프로그램이 자주 열리는데 저는 기자 프로그램에 지원했습니다. 프로그램을 듣고 기자보다 PD가 어울리겠다고 확신하게 됐어요. 교내 문제를 취재하거나 신문의 논조를 비교하는 건 너무 재미가 없었거든요. 취재보다 창작이 제게 더 적합하다고 믿게 됐고 본격적으로 PD가 돼야겠다고 마음먹었습니다.

처음에는 '멋있어 보여서' PD가 되고 싶었어요. 아나운서 수업을 들어본 적이 있는데요. 선생님이 학생들에게 "너희는 아나운서가 왜 되고 싶니?"라고 물으셨어요. '목소리로 정보와 가치를 전달하고 싶다', '언론인으로서 대중에게 영향력 있는 사람이 되고 싶다' 같은 멋있는 대답이 나왔는데, 선생님이 거짓말하지 말라는 거예요. 그러면서 "솔직히 멋있어 보여서 하려는 것 아니냐"라고 말씀하셨죠. 지금 생각해보면 맞는 말 같아요.

많은 사람들이 남의 시선에 맞춰 살잖아요? 저도 어릴 때 그랬어요. 육상부를 했던 것도 제가 다닌 초등학교에서 육상부가 인정받고 친구들이 동경했기 때문입니다. 중학생 때도 좋아서 공부했다기보다 성적을 잘 받으면 부모님이나 친구들이 칭찬해주는 게 좋았어요. 타인의 시선을 의식하는 걸 나쁘다고 생각했는데, 주위의 기대를 만족시키는 과정에서 재미와 행복을 얻어왔던 것 같아요. PD가 되고 나서도 남들이 선망하는 직업 중 하나니까 그만큼 더 열심히, 좋은 프로그램을 만들어야겠다는 동기부여를 받으며 일하고 있습니다.

Question   PD가 됐을 때 주변 반응은 어땠나요?

제가 경제학을 전공해서 대학 친구들이 방송 쪽을 잘 몰라요. 부모님은 제가 입봉한 걸 신기해하셨죠. 끈기가 부족하고 남들 눈치만 보는 딸인 줄 알았는데 자기만의 소신이 있다는 걸 알아주셨습니다. 스스로의 길을 설정해 몰두하는 모습을 좋게 봐주신 것 같아요.

Question **PD가 되는 데 영향을 준 작품이 있을까요?**

대학교에 다니면서 타인의 시선에 맞춰 사는 데 회의를 느꼈습니다. 취업하려고 자기 소개서를 쓰는데 내 것이 없다는 생각에 좌절하기도 했어요. 그때 <인간 실격>이라는 책을 읽었는데 주인공의 입장이 저 같은 거예요. <인간 실격>은 매사에 실패만 거듭하는 주인공의 가장 초라한 내면까지 적나라하게 표현하는 작품인데요. 당시 제 입장이 주인공 '요기' 같았어요. 그 책을 읽은 뒤 남보다 나를 위해 살아보기로 결심했고, 내가 하고 싶은 일을 선택하고 싶어졌습니다. 자연스럽게 PD가 되는 데도 영향을 줬죠.

Question **자신만의 인생 프로그램이나 영화가 있을 것 같아요**

영화 <조제, 호랑이 그리고 물고기들>을 인상 깊게 봤습니다. 저는 조폭 영화는 징그러워서 잘 못 보고 내용이 가볍거나 잔잔한 이야기를 더 좋아해요. 한때 일본 영화를 많이 봤는데 <조제, 호랑이 그리고 물고기들>은 편견을 깨준 영화였습니다. 이 영화는 비장애인과 장애인의 사랑, 연애를 다루고 있는데, 해피엔딩으로 끝날 줄 알았어요. 그런 스토리를 좋아하기도 했지만 영화라면 항상 기승전결이 뚜렷하고 해피엔딩일 거라는 고정관념이 있었죠. 그런데 <조제, 호랑이 그리고 물고기들>은 느닷없이 현실적인 엔딩으로 끝나요. PD가 되는데 영향을 줬거나, 가치관을 형성했다는 거창한 결론은 아니지만 이야기 자체가 새롭게 느껴져서 좋았습니다.

이미지 출처: 네이버 영화

부딪치며
성장하다

▶ <녹색의 꿈> 촬영 - 동물원편

▶ <녹색의 꿈> 촬영 - 붉은박쥐편

▶ <녹색의 꿈> 촬영 - 소나무재선충편

▶ <녹색의 꿈> 촬영 - 숲속 유치원편

PD가 막 되었을 때, 기억에 남는 경험이 있다면요?

　YTN사이언스에서 일한 지 얼마 되지 않았을 때 갑자기 3분짜리 영상을 찍어오라는 지시를 받았습니다. 촬영장에 한두 번 따라가 본 게 전부였는데 토크 프로그램의 VCR을 만들게 된 상황이었죠. 제 덩치만 한 카메라를 들고 팝페라 가수 연습실로 이동했는데, 그날 따라 차까지 막히는 거예요. 도착하자마자 정말 열심히 촬영했는데 분량을 못 채울 것 같았어요.

　사람은 위기에 몰리면 더 큰 능력을 발휘하게 되잖아요? 분량을 확보해보겠다고 가수에게 지휘자, 연주자와 토론하는 시간을 가져보자고 말씀드렸어요. PD로서 연출을 한 거죠. 임기응변을 발휘해 촬영을 마치고 회사로 돌아왔는데, 선배들이 '기대 안 했는데 잘 찍어왔다'고 칭찬해주셨어요. 방송도 무사히 마쳤죠. 그때 PD에게는 필요한 상황을 연출할 줄 아는 능력이 필요하다는 걸 체감했습니다.

Question **특별히 기억에 남는 제작 프로그램이 있을까요?**

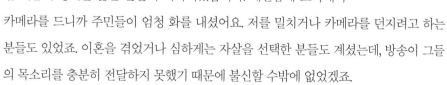

　<녹색의 꿈>을 오래 제작해왔어요. 촬영감독이 따로 있는 프로그램이 아니라서 제가 직접 6mm 카메라를 들고 4~5시간 동안 산과 들을 뛰어다니며 촬영하고 있어요. 물론 편집도 직접 맡아서 하죠. 여러 에피소드 중 '바다를 잃은 어부들' 편이 기억납니다. 새만금 물막이 공사 후 10년이 지난 2018년, 간척사업 때문에 생계를 잃은 분들의 이야기였습니다. 새만금에 도착해서 카메라를 드니까 주민들이 엄청 화를 내셨어요. 저를 밀치거나 카메라를 던지려고 하는 분들도 있었죠. 이혼을 겪었거나 심하게는 자살을 선택한 분들도 계셨는데, 방송이 그들의 목소리를 충분히 전달하지 못했기 때문에 불신할 수밖에 없었겠죠.

　그래서 억지로 찍지 않기로 마음먹고 동행한 박사님과 몇 날 며칠을 돌아다녔어요. 박

사님 한 명만 화면에 나오니까 정말 오랫동안 새만금을 다녀야 했거든요? 그렇게 하루 이틀 시간이 쌓이면서 저희를 경계하던 주민들의 마음도 조금씩 풀렸어요. 어민 몇 분을 섭외할 수 있었고 협조도 잘해주셨죠. 방송이 나간 뒤에 왜곡 없이 방송됐다고 좋아해 주셨습니다. 그때가 특히 기억에 남아요.

Question ## 하루 일과를 소개해주세요

많은 PD들이 일주일이나 한 달 주기로 프로그램을 제작하고 있어요. 그래서 주간이나 월간 일정은 어느 정도 정해져 있지만, 하루하루는 굉장히 불규칙합니다. 하루 종일 촬영하거나 편집하는 날이 많고, 제작을 마치면 다음 아이템을 생각하면서 휴식을 취하죠.

<녹색의 꿈>을 기준으로 말해보면요, 미리 아이템을 선정한 뒤 기획 회의와 섭외 회의를 진행합니다. 섭외가 확정되면 프로그램을 어떻게 구성할지 의논하고 전화 취재를 하는데, 이때 나온 내용을 기반으로 촬영 구성을 확정합니다. 하루에 두 곳 정도 촬영하는데 한 장소에서 3시간 정도 머무는 것 같아요. 촬영을 마치면 일주일 내내 편집하는데 지금은 2~3일이면 가편집을 끝내요. 자막과 효과, 내레이션을 넣어서 종편을 마치면 음악 감독이 배경음을 삽입합니다. 최종 검토까지 마치면 비로소 방송할 수 있죠.

과학 방송만의 매력은 있다면요?

YTN사이언스는 과학 채널이기 이전에 교육 채널입니다. 여기서 일하면서 환경 문제, 과학 기술, 수학, 창업을 다뤄봤고 대중에게 도움 될 수 있는 유명 인사를 만나기도 했어요. 저는 일반인을 대상으로 하는 공익적인 프로그램을 좋아해요. 시청자도 어릴 때는 연예인에 환호하지만 시간이 지나면서 다큐멘터리나 휴먼 프로그램을 시청하게 되잖아요? 저도 처음에는 연예인이 나오는 프로그램을 제작해보고 싶었는데, 교육 프로그램을 만들면서 스스로 배울 점이 많아져서 좋습니다.

<낙동강, 뉴트리아와의 전쟁!> 편에서 우리나라 생태계를 위협하는 뉴트리아를 포획하는 분들을 만났어요. 하루 종일 그분들을 따라 다녀보면 나와 다른 삶을 살고 있지만 그들만의 철학을 느낄 수 있었죠. 울릉도·독도 해양과학기지 연구원을 생각해보면 '얼마나 힘들까' 싶잖아요? 그냥 막연히 지루할 거란 생각도 편견이었죠. 그들을 인터뷰해보니 뚜렷한 소신을 갖고 독도를 연구하며 우리나라 환경과 과학 발전에 공헌하는 분들이었습니다. 마른장마 때문에 사라지는 양서류를 연구하는 분들, 외래 식물 피해를 방지하려는 분들. 다양한 만남을 통해 배우고, 그 노력에 공감할 수 있는 게 과학 방송의 매력이라면 매력 같아요.

Question

PD로서 가장 전문성을 필요로 하는 경우는 무엇인가요?

PD는 머릿속에 편집을 염두하고 촬영할 줄 알아야 해요. 그런데 기획, 촬영 회의를 열심히 해서 구성안을 준비해도 촬영장에 가면 다른 상황이 펼쳐질 때가 너무 많습니다. 40분짜리 프로그램을 만들어야 하는데 촬영 장소 한두 곳을 완전히 바꿔야 할 때도 있어요. 촬영지가 여섯 군데라면 더 좋은 프로그램을 만들기 위해 어느 곳에 더 비중을 둘지 빠르게 파악할 줄 알아야 하고요. 이런 결정을 빨리 못하면 모든 제작진이 갈팡질팡하게 됩니다. 저도 너무 어려웠는데 직접 부딪혀보니까 조금씩 감이 오더라고요.

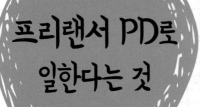
프리랜서 PD로
일한다는 것

▶ <녹색의 꿈> 촬영 - 포항시

▶ <녹색의 꿈> 촬영 - 시화호편

▶ <녹색의 꿈> 촬영 - 양서류편

▶ <녹색의 꿈> 촬영 - 하수도

현재 PD로서 가장 큰 고민은?

비정규직 프리랜서라, '언제까지 이 일을 할 수 있을까'하는 고민을 종종 가집니다. 프로그램 하나를 잘 끝내도 다음 프로그램을 시작할 수 있을지 불안하기도 하죠. 한편으로 뉴미디어가 성장하면서 방송국의 입지가 줄고 있다는 걱정도 듭니다. 방송국이라는 조직원으로서 PD도 좋겠지만, 결국은 나만의 콘텐츠를 만들어야 살아남을 수 있지 않을까 생각해요. 우리 회사에도 프리랜서가 많아서 비슷한 고민을 많이 나누고 있어요.

Question **프리랜서 PD의** 장점도 있나요?

나에게 주어진 시간을 잘 분배해서 사용할 수 있다는 게 장점입니다. 얼마 전에 한 달 동안 미국 여행을 다녀왔어요. 스케줄을 조정해서 촬영과 편집을 미리 끝내놨죠. 보통 직장인은 일주일 휴가도 어려운 사람들이 많은데, 저는 '미국 한 달 살기'에 도전해볼 수 있었습니다. 저는 일할 때는 집중해서 열심히 일하고 쉴 때는 쉬어야 하는 스타일이라 프리랜서와 어울리는 사람 같기도 합니다.

아무래도 정규직보다 소득이 조금 부족한 편입니다. 그런 부분에서 자괴감이 들 때도 있었어요. 그런데 프리랜서는 생각보다 돈을 벌 기회가 많습니다. 저도 다음 프로그램을 계약할 때마다 소득을 높이고 있고, 외부 홍보영상 제작을 병행할 때도 있어요. 부지런히 일하다 보면, 처음에는 좀 고통스럽게 느껴질 때도 있지만 소득 문제는 어느 정도 해결됩니다. 다만 시간이 좀 필요해서 초반을 못 견디고 퇴사하는 분들이 많아요. 현실적인 문제기 때문에 어쩔 수 없기도 하지만요.

Question PD가 되기 위해 어떤 준비를 하는 게 좋을까요?

PD가 될 사람은 정해져 있는 것 같기도 합니다. 저는 어떤 분야의 사람을 만나더라도 1시간은 이야기할 수 있는 사람이 PD가 되어야 한다고 생각해요. 그러려면 호기심도 많아야 하고 사교성도 필요하죠. 그런 관점에서 생각해보면 저는 PD에 완벽히 부합하는 사람은 아니었어요. 내공도 부족했고요. 다른 지원자들처럼 토익, 시사 상식, 논술, 작문 정도만 준비했고, 남들이 하는 수준만큼만 노력했던 것 같습니다. 방송국 취업 자리가 많이 안 나왔던 시기였기도 했지만, 결정적으로는 그래서 공채 합격을 못 했던 것 같아요.

가장 후회되는 건 다방면의 책을 많이 읽지 못했다는 점입니다. 저는 유행을 따라가며 책을 읽어왔어요. 그런데 PD가 되고 싶다면 세계의 고전 문학이나 인문 서적을 많이 읽어둘 필요가 있습니다. PD 시험은 너무 광범위해요. 시사, 인문, 과학, 기술, 예술 등 준비할 게 많죠. 그래서 어설프게 공부하면 합격하기 어렵고, 어릴 때부터 여러 분야의 책을 읽어온 지원자들이 두각을 나타낼 수밖에 없습니다. 방송을 만들 때도 마찬가지죠. 단편적인 지식을 아는 것도 물론 중요하지만 소재와 소재를 연결하는 지식을 갖추는 게 더 중요합니다. 그래서 학생 때 책이나 신문, TV 프로그램을 다양하게 접하면서 인문학적 소양을 쌓았으면 해요.

공채 시험은 방송국마다 과정이 조금씩 다르긴 한데요. 대개 1차 서류전형(이력서, 자기소개서 등)을 합격하면 2차 필기시험으로 논술·작문과 시사상식을 테스트합니다. 적성검사를 치르는 방송국도 있죠. 합격하면 2~3차례 면접을 보게 되고 이게 일반적인 방송사 입사 시험입니다. 저 역시 공채를 준비했는데 합격이 쉽지 않았어요. 최종 전형까지 갔다가 떨어진 적도 있어서 PD를 계속 준비해야 할지 고민한 적도 많았습니다.

그런데 PD 말고 다른 직업은 못 하겠다는 생각이 들었어요. 고민 끝에 프리랜서 PD로 시작해야겠다고 결심했습니다. 많은 학생들이 공채로만 PD가 된다고 생각하는데, 방송국 제작 인력의 80~90%는 아마 계약직이나 프리랜서일 거예요. 프리랜서는 구직 사이트에 공고가 뜨기도 하지만 알음알음 채용되는 분들이 많습니다. 저는 EBS에서 같이 일했던 작가가 추천해서 YTN사이언스로 오게 됐어요.

PD가 되고 날마다 오전 6시 10분쯤 출근했어요. 일부러 더 일찍 출근해서 선배들이 작업하던 걸 불러와서 따라 해 보며 연습했습니다. 이때 제작 실력이 많이 늘었어요. 선배들 사이에서 '수경이는 시켜보면 잘 하더라'라는 평판이 생기기 시작했고, 제 역할도 빠르게 늘었습니다. 입봉도 1년 만에 했죠. 사실 공채로 합격 못 한 게 내심 무겁게 느껴져서 더 열심히 일하려고 했던 게 컸어요.

PD가 되기 위해 어떤 활동을 경험해보는 게 좋을까요?

관심사를 글·사진·영상 콘텐츠로 만들어 올려보라고 말씀드리고 싶어요. 학창 시절에 싸이월드가 한창 유행이었는데, 그때 제가 블로그에 뭘 쓰기만 하면 인기 글에 올라갔어요. 외국 드라마를 좋아할 때라 드라마에 대한 이야기를 꾸준히 올렸죠. 1편이 인기 글로 선정됐으니까 2편, 3편도 써보는 거예요. 누군가에게는 작고 사소한 콘텐츠일지 모르지만 저는 재밌었어요.

좋아하는 연예인이 나오는 예능 프로그램이 있다면, 한번은 사진을 모아서, 다음에는 동영상과 움짤을 모아서 블로그나 SNS에 올려보세요. PD를 꿈꾸는 사람이라면 SNS나 유튜브에 사진이나 영상을 올리는 걸 즐겨봤으면 좋겠습니다.

Question

미디어 경쟁 체제에서 방송국 PD는 어떤 일을 해야 할까요?

유튜브의 영향력이 커지면서 동시에 자극적인 콘텐츠가 많아졌습니다. 제가 그런 콘텐츠를 싫어하기도 하지만 특히 어린 친구들에게 악영향을 끼칠 수 있어서 문제예요. 또 유튜브에서 검색하는 사람들이 늘고 있지만, 불확실한 정보가 넘쳐나는 것도 현실이죠. 방송국은 올바르고 신뢰할 수 있는 콘텐츠를 제작할 수 있다는 점이 장점입니다. 그래서 저는 '유튜브가 뜨니까 유튜브 비슷한 콘텐츠'를 따라 해야 한다는 접근법에 동의하지 않습니다. 과학 방송도 유튜버가 하는 자극적인 실험을 따라 할 게 아니라, 좋은 다큐멘터리를 잘 만드는 게 더 이득이라고 생각해요. 유튜버와 다른 정보, 영상, 메시지를 전달하는 역할을 다할 필요가 있다고 생각합니다.

PD를 꿈꾸는 청소년들에게 한마디 부탁드려요

결국은 내공이 중요합니다. 청소년이든 대학생이든 내 이력서에 한 줄 적겠다는 식의 경험은 좋지 않아요. 단기적인 대비를 하는 것보다 좋은 PD가 되기 위해 필요한 것들을 준비해야 합니다. 우선은 '독서'입니다. 앞서 말씀드렸지만 PD에게는 인문학적인 소양이 필요해요. 과학 방송을 만든다 하더라도 내가 선택한 과학기술, 지식이 우리에게 어떤 영향과 의미를 주는지 도출할 줄 알아야 하거든요. 또, 다방면으로 지식을 쌓아 놓으면 내가 관심 없는 분야의 사람을 만나도 대화를 이끌어나갈 수 있어요.

그리고 콘텐츠를 만들기 위해 PD가 되고 싶은지, 안정적인 직장에 들어가고 싶어서 지상파 PD를 하고 싶은 건지 고민해보셨으면 좋겠습니다. 진짜 PD가 되고 싶다면 주요 방송국 PD 시험에서 낙방해도 유튜브를 개설하든 프리랜서를 선택하든 PD가 되는 방향으로 결정해야 한다고 생각해요. 잘 생각해보고 각자 기준을 세웠으면 좋겠습니다.

중동, 미국, 유럽을 오가며 어린 시절을 보낸 그는 초·중·고등학교를 열 군데나 다녔다. 항상 새로운 상황을 마주했고, 다양한 문화를 경험하니 자연스럽게 외교관이라는 꿈을 꾸게 됐다. 학창 시절 학생회장까지 역임하며 외교관이 되기 위한 커리어패스를 밟고 있었지만 결과적으로 실패했고 재미삼아 시작한 영상은 정다훈 PD의 새로운 길이 됐다.

공군 훈련소에서 4개월 간 장교 훈련을 받으며 훈련받는 동기들을 촬영하고 편집했다. 매주 한 편씩 공개된 그의 영상을 보고 행복해하는 동기들을 보며 영상의 선한 가치를 깨달았고, 군생활 내내 자유로운 창작 활동에 몰두할 수 있었다. 영화 <레 미제라블>을 군대 버전으로 패러디한 <레 밀리터리블>은 한국을 넘어 글로벌 흥행을 거뒀고, 군대에서 만난 인연이 이어져 프로덕션을 창업했다. 현재 그는 상업 광고 영상과 사회공헌, 캠페인 영상을 제작하며 영상의 선한 가치를 퍼뜨리고자 노력하고 있다.

파울러스

정다훈 PD

현) ㈜파울러스 - 디렉터

현) 연세대학교 글로벌인재대학 문화미디어과 겸임교수

경력

- 한동대학교 콘텐츠융합디자인학부 강사
- 메가박스 콘텐트기획팀 영상기획담당
- 대한민국 공군본부 정훈공보실 미디어영상팀
  영상기획 / 공군 중위

학력

연세대 커뮤니케이션 대학원 영상학 미디어아트 졸업

한동대학교 산업디자인학부 / 졸업 (2006-2010)

PD의 스케줄

정다훈
PD의
하루

* 영상 제작 PD의 하루 일과(내근)

18:00 ~
▶ 기획안 작성 / 영상 편집

10:00 ~ 11:00
▶ 광고주와 통화
▶ 이메일 확인

17:00 ~ 18:00
▶ 진행되는 영상 사업들
  진행사항 검토

11:00 ~ 12:00
▶ 팀원들에게 업무 배분
12:00 ~ 13:00
▶ 점심

16:00 ~ 17:00
▶ 계약 진행 및 촬영 협조

13:00 ~ 14:00
▶ 미팅 자료 검토
14:00 ~ 16:00
▶ 광고주와 미팅

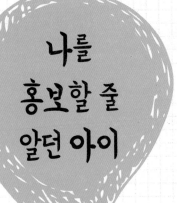

나를
홍보할 줄
알던 아이

▶ 가족사진

▶ 요르단 - 한인모임

▶ 태국에서 밴드공연 중

▶ 고등학교 시절, 독일에서 공연 촬영 중

해외에서 생활한 시간이 꽤 길어요. 두 살 때부터 중동 지역, 미국, 유럽 각지를 옮겨 다니며 살다가 스무 살이 돼서 한국으로 돌아왔어요. 초·중·고등학교를 열 군데나 다녀 서 항상 새로운 상황과 마주했고, 새로운 친구를 사귀고, 새로운 문화를 경험했어요. 그 러니 스스로를 적극적으로 어필할 필요가 있었죠. 소극적일 수가 없었던 어린이였어요. 먼저 친구들에게 접근해야 했고 때로는 튈 줄도 알아야 했습니다.

학창 시절 제 꿈은 외교관이었어요. 고등학생 때부터 외교관의 길을 걷겠다고 학생회 장을 하는 등 나름의 '커리어 패스'를 밟으려고 노력했습니다. 그런데 하나같이 실패했어 요. 실패를 거듭했지만 그 과정에서 우연히 영상을 만나게 됐는데, 재미삼아 시작한 영상 을 통해 내 주위 사람들이 행복해하는 모습을 보면서 영상의 힘을 처음 깨닫게 됐죠.

Question 대학생 때의 자신을 돌아본다면?

스무 살에 한국으로 돌아와서 언론정보학과에 지원했는데, 한국어 실력이 부족해서 수업을 따라가기 힘들었어요. 그래서 디자인학과로 진학했지만 그곳도 잘 맞지 않았죠. 전공만 봤을 때는 방황하는 시기였습니다. 지금은 직업으로 영상을 제작하고 있지만, 대 학생 때 영상은 취미에 가까웠죠. 대신 대학원을 영상 관련 전공으로 입학했어요. 전부 이론 수업이라 재미를 느끼지는 못했지만 필요하다고 느꼈기 때문에 열심히 공부했습 니다. 그런데 졸업 논문이 너무 어렵게 느껴졌고, 준비가 덜 돼 있다고 생각했어요. 그래 서 군대에 들어갔습니다. 때마침 공군에서 홍보 영상 콘텐츠를 만드는 정훈 장교를 뽑고 있어서 군 생활 동안 영상 포트폴리오를 마음껏 쌓을 수 있었죠.

군대 훈련소에서 제가 만든 영상을 보고 친구, 동기들이 행복해하는 모습을 보고 영상이 누군가에게 힘이 될 수 있다고 느낀 게 컸어요. 4개월 간 장교 훈련을 받았는데, 훈련받는 순간을 촬영해서 편집하는 역할을 맡았어요. 촬영한 영상을 편집해서 매주 한 편씩 틀었는데 동기 334명이 무척 행복해했어요. 정말 많은 동기들이 저에게 와서 고맙다고 해줬고, 다음 영상이 기대된다고 말했습니다. 한 번은 아파서 영상을 못 만들었는데 "영상만 기다렸는데 왜 못 만들었냐"라고 질타 아닌 질타를 받기도 했어요. 영상이 선하게 활용되면 많은 사람들에게 긍정적인 영향을 끼칠 수 있고, 대중의 마음을 움직일 수 있다는 걸 몸소 체험한 기회였죠. 선한 영상의 가치가 저를 여기까지 이끌어온 것 같네요.

Question '광고 PD'를 선택했을 때 주변 반응은 어땠나요?

어릴 때부터 하도 영상을 만들어서 제 주위 사람들은 당연히 저를 '영상 만드는 애'로 알고 있었어요. 오히려 영상을 안 하는 게 더 이상할 분위기였죠. 영상을 직업으로 선택한 것보다 다니던 회사를 나와서 사업을 시작한 걸 의아해하는 분들이 많았습니다.

저는 한국식 조직 문화에 잘 적응하는 편이에요. 수직적인 구조가 부작용도 있지만, 책임이 명확히 나뉘어서 편한 면도 분명 존재하니까요. 그런데 회사에 다니며 시키는 대로 일하다 보니 도전정신이 줄어드는 나를 발견하게 되더라고요. 회사 설립의 이유가 됐죠.

주변에는 제가 좋아하는 일을 직업으로 삼았다는 것 자체를 부러워하는 친구들이 많아요. 물론 저도 친구들이 부러울 때가 있지만 한편으로 '덕업일치'가 아무나 할 수 있는 일은 아니라는 것도 알게 되면서 제 현실에 더 감사할 때가 많습니다.

파울러스는 영상 프로덕션이고요. 상업 광고영상, 온라인 바이럴 영상을 만들고 있어요. 설립 초반에는 국제기구, 공공기관, 대기업 사회공헌활동 같은 해외 촬영을 많이 진행했습니다. 저희의 키워드는 '휴머니즘'인데요. 영상을 만들 때 사람의 이야기로 풀어내는 것을 일차적인 목표로 삼고 있어요.

대표님과 군대 선후임 사이에요. 군대에서는 친한 선배인 동시에 대하기 힘들었던 사람이었죠. 저를 많이 업그레이드시켜준 사람이에요. 항상 새로운 것에 도전하게 해주는 분이었고, 그때마다 조금씩 성장할 수 있었습니다. 전역한 뒤 각자의 길을 걷다가 알 수 없는 아쉬움을 느낄 때 선배한테서 회사를 만들어보자는 연락이 왔어요. 바로 승낙했고 지금까지 함께 일하고 있습니다.

▶ 파울러스 직원들과 단체 사진

'영상이 재밌었다'는 게 가장 큰 이유고, 사무실에 앉아서 같은 화면을 보고 비슷한 일을 하는 직장인과 다른 '도전 의식'이 생기는 일이라 좋았습니다. 국제기구에 관련된 영상을 찍든 홍보할 제품 영상을 찍든 소재와 산업, 문화에 관해 공부를 해야 해요. 다양한 장소를 가보고, 다양한 사람을 만나야 하고요. 굉장히 도전적이죠.

또, 제가 생각하는 연출자는 다양한 재료를 잘 조합해서 나만의 것으로 창조하는 사람이에요. 저도 음악, 영상, 연출, 촬영, 디자인같이 여러 분야에 흥미를 갖고 있고요. 그런데 저보다 촬영을 잘하고 조명을 잘 아는 사람이 정말 많거든요. 감각이 좋거나 영상 제작에 뛰어난 친구들을 발굴해 아웃풋을 만들어내는 것과 뜻이 맞고 좋은 사람들과 같이 일을 하면서 시너지를 내는 것이 재미있습니다.

Question PD 초년생 시절의 에피소드가 있다면 말씀해주세요

하루는 지금 대표님과 출장을 나갔는데 그날 정말 많이 혼났습니다. 현장에 문제가 생겼는데 '선배가 해결해주겠지', '나한테 따로 시키겠지'라는 생각을 하면서 수동적으로 대했던 거예요. '학생 마인드'라고 하는데 잘못했다기보다는 사회 경험이 부족해서 오는 부작용이었죠. 대표님이 "문제점이 보이면 스스로 처리해서 결과를 가져와야지 남이 해주기를 바라면 어떻게 하느냐"고 지적해주셨어요. PD는 문제가 발생하기 전에도 문제가 될 수 있는지 상황을 파악해야 합니다. 문제가 예상된다면 해결책을 찾아야 하죠. 말은 쉽지만 이런 마음가짐을 만들기가 처음에는 쉽지 않아요. 그날 '이게 PD고 성인의 자세구나'라고 생각했습니다.

좋은
캠페인 영상이란
무엇일까요?

▶ 공군 FA50전력화 영상 촬영중

▶ 공군 고공낙하하는 특수부대원 촬영중
(비행기 뒷문 오른쪽에서 촬영 중)

▶ 메가박스 CSR 사업 - 에티오피아 사파리 촬영중

▶ 메가박스 CSR 사업 - 요르단 사막에서 촬영중

 **Question** 군대에서 제작한 <레 밀리터리블> 영상은 어떻게 만들게 됐나요?

공군 공감팀에 있을 때 영화 <레 미제라블>을 제설(눈 치우기) 작업으로 패러디한 <레 밀리터리블>이라는 영상을 제작했어요. 2012년에 개봉한 영화에서 자베르 중위를 연기했던 배우 러셀 크로가 저희 영상을 리트윗하고, 국내 뉴스부터 BBC나 알자지라 방송 같은 해외 유명 방송사에 소개되기도 했죠.

<레 밀리터리블>은 재밌을 것 같다는 이유 하나만으로 만든 영상입니다. 촬영 전까지 한 달 동안 각지에서 복무하는 병사들에게 일일이 연락해서 연습을 시켰는데, 정작 배우들이 모두 군인이라 영화를 본 친구들이 없었어요. 보지도 못한 영화와 처음 듣는 음악을 가지고 연습해야 했습니다. 촬영을 하루 앞두고 처음 다 같이 모여 노래를 맞춰봤는데 진짜 짜릿했어요. 상상을 실현시키는 작업이 바로 영상인데 제가 상상한 그림과 사운드가 기대 이상으로 눈 앞에 펼쳐지자 감동과 희열이 느껴졌죠. <레 밀리터리블>이 그냥 잘 될 거라는 느낌이 왔습니다. 재밌겠다는 확신도 있었고요. 이후에도 비슷한 확신이 들면 자신감을 갖고 추진하려고 해요. 영상을 만들 때 저만의 기준이 된 작업입니다.

Question '칸 광고제' 수상에 대해 짧게 소개해주세요

인도에서 찍은 작품으로 좋은 상을 받게 됐는데, 저는 현장 연출을 담당했습니다. 시각장애인을 주인공으로 시각장애인용 점자 스마트워치를 홍보하는 영상이었어요. 우리는 장애인을 불쌍한 사람으로 바라보고는 하는데, 현지에서 행복한 삶을 살고 있고 공부 의지도 뚜렷한 주인공의 행복을 극대화해주는 제품이라는 메시지를 던지고 싶었어요. 의도대로 영상에 접근할 수 있어서 좋았습니다.

주인공의 실제 어머님이 딸을 위해서 직접 점자를 배우고, 점자책까지 만들어주는 노력을 보면서 어머니의 사랑이 어디까지 닿을 수 있는지 깨달을 수 있었던 프로젝트였습

니다. 상을 받았던 건 좋은 사람들과 좋은 이야기, 좋은 파트너가 한데 어우러졌기 때문이에요. 저희끼리 제작할 때는 상을 못 받았었거든요? 좋은 분들과 함께 프로젝트를 진행해서 좋은 결과로 이어질 수 있었어요.

Question 제작 영상 중 가장 기억에 남는 작업은?

미국 참전용사들을 다룬 <리멤버 180>이라는 영상이 있어요. 한국전쟁에 참전한 분들께 고마움을 전하는 내용이었죠. 인터뷰를 진행한 한 분은 한국전쟁에서 오른팔과 오른 다리를 잃었어요. 90세가 넘은 그분에게 한국에서 보낸 3년은 정말 큰 기억이었나 봐요. 집은 한국전쟁과 관련된 물건으로 꽉 차 있었고, 그분의 입으로 한국 뉴스를 듣기도 하고. 한국을 정말 사랑하는 분들이 많았습니다.

지구 반대편 미국에서 살고 있는 분들이 모두 "남북통일을 못 볼 것 같아서 슬프다"라고 말씀하실 때 한국에 대한 애정과 진심을 느낄 수 있었어요. 이분들 덕분에 내가 살아 있는 거라는 생각도 들었죠. <리멤버 180>을 찍지 않았다면 이런 분들을 만나볼 기회는 없었을 거예요. 수많은 영상을 만들었지만 이만큼 중요한 영상은 없고, 영상을 하길 잘했다는 생각이 진하게 들었던 경험으로 남아있습니다.

▶ 영상편집본 확인중

제품 영상이면 제품을 잘 팔리게 만들어야 하듯이 상업 영상은 '돈'과 직결됩니다. 그런데 인생에서 돈이 중요하긴 하지만 전부는 아니거든요. 상업 영상을 만들면 더 높은 수입을 얻을 수 있지만, 사회공헌이나 NGO, 공공기관의 캠페인 영상은 비교적 자유롭게 제작할 수 있고 좋은 이야기를 풀어낼 수 있다는 장점이 있습니다.

Question 좋은 캠페인 영상이란 무엇일까요?

어려운 질문인데요. 예를 먼저 들어볼게요. NGO 후원 영상을 보면 아프리카 아이들이 불쌍하고 굶어 죽는 모습으로 나올 때가 많습니다. 그런데 나라마다, 주어진 환경에 따라 행복하게 살고 있는 아이들도 있거든요? 그런데 행복한 아이들을 영상에 담아 내보내면 후원이 끊겨요. 딜레마가 생기는 거죠. PD는 있는 그대로를 영상에 담아야 하고 그럴 수 있게 노력해야 하지만, 어쩔 수 없이 과장하거나 자극적인 방식을 택해야만 하는 경우가 있습니다. 그 적정선을 찾는 게 정말 어려워요. 반대로 그 균형을 잘 잡은 영상이 바람직한 결과물이 되겠죠. 많은 PD들의 고민점입니다.

'백인 구원자 콤플렉스'라는 말이 있는데요. 우리나라도 마찬가지예요. 불쌍한 사람들이 사는 지역에 가서 먹을 걸 전해주고 행복하게 해주면 문제가 해결될 거라는 접근이죠. PD라면 이런 접근 방식을 경계해야 합니다. 소위 후진국이라고 불리는 나라에 산다고 해서 모두 무식하고 미개한 사람이 아니거든요. 우리와 같은 인간으로 바라봐야 해요. 무조건 불행할 거라는 생각도 고정관념이죠. 나와 같은 한 명의 인간이라는 걸 되새기면 좋은 캠페인 영상을 제작할 수 있을 거라고 생각합니다.

▶ 네팔 뮤직비디오 촬영

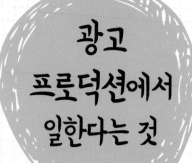

광고
프로덕션에서
일한다는 것

▶ 블랙이글 촬영중

▶ 사무실에서 편집중

▶ 촬영현장에서 모니터링중

프로덕션은 출근이 늦은 편인데요. 저는 오전 11시에 출근해서 하루에 처리해야 할 업무를 먼저 정리해요. 12시부터 1시까지 점심을 먹고, 2시쯤 클라이언트 미팅을 하러 가죠. 미팅은 때에 따라 다르지만 2시간 정도 소요됩니다. 미팅을 다녀온 뒤 제작진이 진행하고 있는 프로젝트에 대한 클라이언트 피드백을 전달해요. 영상 수정을 지시하는 거죠. 그다음 연출자, 촬영감독 등과 함께 기획이나 제작과 관련된 자체 미팅을 합니다. 좋은 아이디어를 공유하고 스토리보드를 수정하기도 하죠. 퇴근 시간 전까지 각 클라이언트에게 연락해 변경한 내용을 전달합니다. 제가 연출을 맡기도 하지만 전반적인 관리를 담당하고 있어서 낮에는 정말 정신없어요. 그래서 기획안 작성, 영상 편집 같은 업무는 저녁에 남아 진행할 때가 많습니다.

광고 영역에서 PD는 제작자, '프로듀서'에 더 가까워요. 연출자가 영상의 크리에이티브, 비주얼, 스토리 등을 총괄해 제작하는 역할이라면, PD는 그 외의 모든 사안을 담당하죠. 예산, 배우 섭외, 장소 선정과 섭외, 클라이언트와 나누는 크고 작은 소통 같은 것들이요. 연출이 영상에 신경 쓸 수 있게 지원해주는 사람이 PD(프로듀서)입니다. 프로듀서도 라인 프로듀서, 크리에이티브 프로듀서 등 다양하게 구분되는데, 라인 프로듀서는 배우 섭외 같은 역할을 주로 담당합니다. 제가 맡은 크리에이티브 프로듀서는 클라이언트를 만나서 어떤 그림과 메시지를 원하는지 큰 그림을 짜는 역할을 하는 사람이에요.

Question PD로서 가장 큰 고민은 무엇인가요?

두 가지가 있는데 하나는 매번 새로운 것을 해야 한다는 부담감입니다. 확실히 젊은 친구들이 영상을 잘 만들어요. 예술은 나이가 많다고 무조건 잘하는 게 아니라서 저 스스로도 많이 도전하고 공부하고 있어요. 안 그러면 PD로서, 창작자로서 죽는 거죠. 한순간에 도태될 수 있으니까요.

두 번째는 역시 '사람' 문제인데요. 내 행동이나 무심코 던지는 한마디에 직원들이 당황해할 수 있다는 점입니다. 회사에서 관리자 역할을 하고 있으니 항상 좋은 분위기만 있을 수는 없지만 구성원 간에 좋은 관계를 유지하면서 일을 하려고 많이 고민하고 노력하고 있습니다.

Question 급변하는 창작 환경 속에서 PD의 역할과 자세는?

기술이 우리가 생각하는 것보다 훨씬 빠르게 발전하고 있어요. 로봇이 카메라로 촬영하기도 하죠. 제가 대학교에 다닐 때 촬영 방식이 아날로그 6mm 테이프에서 디지털로 전환됐는데, 앞으로 더욱 큰 변화가 하나하나 다가올 겁니다. 그렇다면 로봇이 할 수 없는 건 뭘까요? 결국은 '이야기'라고 생각해요. 사람의 이야기를 어떻게 구성해 대중의 공감을 이끌어낼 수 있는지는 당분간 로봇이 해내기 어렵겠죠. 이야기를 만든다 하더라도 모방 단계에서 그치지 않을까 싶어요. 기술은 너무 빠르게 바뀌니 그런 변화에 집착하지 말고 이야기와 공감대 형성, 영상을 통한 감정을 전달할 수 있는지에 집중해야 합니다.

파울러스는 케냐, 탄자니아, 네팔 등 세계 각국에서 미디어 교육을 진행해왔습니다. 저는 탄자니아로 갔었는데요, 현지에서 연기 학원을 운영하는 친구와 프리랜서로 영상을 만드는 친구를 만났어요. 나름대로 작업실도 갖추고 있었죠. 준비한 수업은 스토리보드 그리기 같은 기본적인 내용이었는데, 이 친구들이 오전 9시 수업을 새벽 6시부터 나와서 기다리는 거예요. "왜 이렇게 일찍 나오냐"라고 물어보니 "이런 기회가 처음"이라고 답하더라고요. 정식으로 미디어를 배울 수 없었던 두 사람에겐 저희가 준비한 프로그램이 큰 도움이었던 거죠. 그게 벌써 4년 전인데 지금도 연락하며 지내고 있습니다.

케냐 친구들이 제작한 영상은 주제가 뭐였는지 아세요? 에이즈로 성인이 모두 죽은 세상을 어린이들이 운영하는 SF 영화였어요. 아프리카 친구들이 SF를 찍는다는 상상을 잘 못 하는데, 미디어 교육을 하면서 '기회만 있으면 누구든 자신만의 이야기를 풀어낼 수 있구나'라고 깨달을 때가 많습니다.

▶ 네팔에서 촬영중

요즘 30대라고 하면 인생의 절반에도 도달하지 않은 나이지만, 제 지난 시간을 돌아보면 무엇이든 쉬운 일은 없었던 것 같아요. '지금 나의 길을 정해야 한다'라는 압박을 느끼는 청소년들이 많습니다. 남들은 뭔가를 해내는 것 같은데 나는 뭘 하고 있는지 고민하는 친구들이 많죠. 저도 30대가 돼서야 방향을 잡기 시작했어요. 10대 때는 아무 생각이 없었지만 하고 싶은 걸 즐기면서 해보는 시기였고, 20대는 경험을 많이 쌓은 시기였죠. 그 시간을 거치면서 30대가 되니 내가 뭘 잘하고 뭘 더 좋아하는지 파악할 수 있었어요.

10대, 20대 때 "나는 ○○가 될 거야"라고 정할 수 있는 사람은 많지 않습니다. 그 방향을 모른다고 절대로 실패한 인생이 아니거든요? 최대한 많이 경험해보면 어느 순간 내 길을 깨닫는 순간이 와요. 외교관을 꿈꾸던 고등학생 정다훈은 실패를 거듭했지만, 실패를 계기로 영상 창작자로서, PD로서 길을 걷게 됐죠. 꿈을 꼭 찾아야 한다는 압박을 느끼면 다른 친구들과 비교하면서 상처를 입기도 하니 즐겁게 경험을 쌓았으면 해요.

하나만 덧붙이면 후회 없이 살아가기를 바랍니다. 하지 못해서 오는 후회는 많지만, 경험해보면 후회할 일은 없으니까요.

PD에게
청소년들이 묻다

청소년들이 PD에게
직접 물어보는 6가지 질문

"PD도 촬영과 편집을 전문가 수준으로 잘해야 하나요?"

　당연한 말이겠지만 PD는 프로그램을 잘 기획하는 것만큼 영상촬영과 편집에 익숙해야 합니다. 촬영을 전문으로 하는 카메라 감독이나 3D 효과를 능수능란하게 제작할 줄 아는 영상 디자이너 수준까지는 아니겠지만 아이디어가 어떻게 시각적으로 구현되는지 기본적인 소양을 쌓아둬야 이런 전문 인력들과 협업할 수 있으니까요. 담당한 프로그램에 따라 PD 한 명이 촬영, 편집을 도맡아야 하는 때도 있고요.

　방송국이나 프로덕션마다 어도비 사에서 개발한 프리미어 프로나 파이널컷, 에디우스 등 다양한 편집 툴을 활용하고 있는데요. 학생 때 여러 프로그램을 경험해보면 좋아요. 각각의 툴마다 장단점이 있거든요. 다만 모든 툴을 전문적으로 익힐 필요는 없습니다. 영상 편집 원리는 크게 다르지 않아서 특정 툴을 하나만 잘 활용할 줄 안다면 처음 접하는 툴이라도 시간은 조금 걸리겠지만 어렵지 않게 익숙해질 수 있습니다.

"글쓰는 능력이 PD하는 데 많은 도움이 되나요?"

　일반적으로 PD와 작가는 분리되어 있어서 꼭 글쓰는 능력이 필요하진 않지만 스토리의 흐름을 잘 반영할 줄 아는 PD가 되려면 어느 정도 글을 이해하고 스토리텔링을 할줄 알아야 한다고 생각해요. 좋은 PD는 항상 시청자와 맞닿아있어야 하죠. 그래서 저는 커뮤니티나 SNS에 올라오는 글과 짤, 10대의 표현들을 많이 챙겨보는 편입니다. 사소한 부분일 수 있지만 그 속에서 트렌드나 문화, 요즘 아이들의 관심사를 알 수 있으니까요.

"대학 방송국을 경험해보는 게 도움이 될까요?"

　방송반 경력이 채용 과정에서 큰 도움이 되는 이력은 아니지만, 내가 PD나 기자, 아나운서에게 맞는 사람인지 판단할 기회가 됩니다. 연출, 촬영, 진행, 편집, 취재 중 무엇이 내게 어울리는지 알아보고, 업무 환경이나 제작 압박감을 견딜 수 있는지 체감해볼 수 있어요. 유튜브 영상 제작도 마찬가지겠지만 방송반에서 영상 제작을 경험해보고 PD가 적성에 맞는지 확인해보는 과정이 중요하다고 생각합니다.

"PD가 되려면 꼭 신문방송학과나 언론 계통 학과에
진학해야 하나요?"

　전공이 절대적인 건 아닌 것 같아요. 실제로 요즘은 미디어 계통 학과가 아닌 사회학이나 문학, 철학, 경영학 같이 다양한 학문을 전공한 PD들이 활약하고 있습니다. 이공계열 학과를 졸업한 분들이 자신만의 강점을 잘 살린 프로그램을 제작하기도 하지요.

　PD로 일하기 위해 가장 중요한 역량은 역시 기획력일 것입니다. 좋은 기획을 하기 위해서는 어떤 분야를 깊고 세밀하게 알고 있거나, 서로 다른 분야의 접점을 찾아 연결할 줄 아는 역량이 필요한데요. 전자는 미디어 계통이 아닌 전공을 졸업한 분들의 장점일 수 있고, 후자는 인문학적 소양을 잘 쌓아온 사람들의 강점이라고 생각해요.

　신문방송학, 방송영상학, 영상예술학, 연극영화학을 전공하는 이점도 있습니다. 방송 프로그램을 제작하는 프로세스를 이론과 실무를 공부해가며 배울 수 있죠. 물론 이 경우는 평소에 교양을 쌓는 노력을 병행해야겠죠. 책을 많이 읽어서 인문학적 소양을 쌓았다거나 여행을 많이 다녀서 세계 각국의 문화적 특징을 잘 알고 있거나 하는 것들이요.

결국 본질은 하나입니다. 어느 학과에 진학하든 개개인이 PD가 되기 위해, 프로그램을 제작하기 위해 필요한 소양과 역량을 잘 쌓고 있느냐가 중요합니다.

"내성적인 성격이 PD를 하는 데 걸림돌이 될 수 있을까요?"

PD나 기자들 중에 내성적인 분들이 의외로 많아요. 저도 PD를 시작한 지 얼마 안 됐을 때는 인터뷰이 눈을 마주치지도 못했어요. 그런데 지금은 전혀 안 그렇거든요. 흔히들 하는 착각 하나가 외향적인 사람이 무조건 사람들과 관계를 잘 형성할 거라는 거예요. 그런데 내성적인 사람도 사람을 끌어들이는 매력을 가진 분들이 많죠. 훈련이 필요하기는 하지만 각자 성격에 따라 강점이 다릅니다.

"앞으로 PD가 되려고 할때 가장 중요한 능력이 뭘까요?"

앞으로 지상파 방송국이 존재할지는 의문이에요. 없어질 것 같다는 생각도 하죠. 앞으로는 완벽한 인터넷 세상이 될 것 같고, PD 채용에도 변화가 생길 겁니다. 하지만 '본질'은 남을 수밖에 없어요. '미디어는 변해도 콘텐츠의 힘과 필요성은 지속될 겁니다. 의사소통 능력'과 '비판적 사고 능력'은 계속 요구되겠죠. 꾸준히 독서하고 교우 관계가 좋은 사람은 어떤 분야를 선택하더라도 유리할 거라고 봅니다.

CHAPTER

| 3 |

예비 PD
아카데미

프로그램 기획의 모든 것
: 기획안 · 구성안 · 스토리보드

기획안이란?

PD에게 가장 중요한 것 하나를 꼽자면 기획안일 것입니다. 기획안은 '프로그램 소개서'라고 말할 수 있습니다. 기획안에는 프로그램 제목과 기획 의도는 물론이고 예산, 편성, 분량, 목표 시청층, 제작 방식, 코너별 시간 배분, 출연자, 제작진 역할 구분, 간단한 시놉시스 등을 구체적으로 적습니다. PD는 한 장의 기획안으로 제작하고자 하는 프로그램을 설명하고 그것을 어떻게 실현해낼 것인지 설득해야 합니다. 기획안은 방송 프로그램뿐 아니라 광고나 PR 등 마케팅과 커뮤니케이션 각 분야에서 널리 활용되는 문서입니다. 창작자로서 참신한 기획도 중요하지만 프로그램을 실제로 제작할 수 있느냐가 또한 중요하기 때문에 실현 가능성을 고려해 작성하는 것이 좋습니다.

〈프로그램 기획안 예시〉

제목	프로그램 제목 또는 회차별 제목 기입		
방송 일시	실제 방송될 날짜와 시간대 기입		
기획 의도	프로그램을 기획한 목적과 예상 시청자 등을 기입		
주요 내용 (시놉시스)	프로그램을 설명할 수 있는 간단한 내용을 기입		
제작 방법			
제작 기간			
작가	김○○, 최○○	취재	조○○, 하○○
조연출	박○○	자료 조사	이○○

과제 | 기획안을 작성해보자!

1. 각자가 좋아하는 방송 프로그램을 본 뒤 1페이지 분량의 기획안을 작성해보자.

ex) <그것이 알고싶다>, <다큐멘터리 3일>, <무한도전>, <삼시세끼>, <아는형님> 등
주제는 자유

2. 금요일 저녁 10시대에 편성될 트렌디한 예능 프로그램을 기획해보자.

구성안이란?

구성안은 다큐멘터리나 교양 프로그램 제작 시 많이 활용됩니다. 어느 장소에서 무엇을 찍을지를 적는 '촬영 구성안'과 촬영본을 바탕으로 최종 결과물을 설계하는 '편집 구성안'으로 나뉘죠. 촬영 구성안은 아래 사례처럼 항목과 촬영 장면(비디오), 배경음, 효과음, 내래이션, 분량, 비고 등을 적는 것이 보통입니다. PD가 혼자 촬영과 편집을 담당할 경우 구체적인 구성안을 작성하지 않을 수도 있지만, 촬영 감독과 편집 담당자가 구분돼있다면 PD가 촬영본을 프리뷰(시사)한 뒤 컷 넘버, 내용, 내래이션, 배경음과 그래픽 효과를 구성안으로 정리하면 보다 효율적으로 프로그램을 제작할 수 있습니다.

〈촬영 구성안 예시〉

항목	비디오	오디오	분량	비고
오프닝	서울 한복판에서 작업 중인 대장장이(CU)	현장음	7초	내래이션을 넣을 것인가
	일하며 땀을 뻘뻘 흘리는 대장장이의 모습(BS)	현장음	5초	
	땀이 맺힌 대장장이의 얼굴(CU)	현장음	5초	
	정면을 보고 서서 카메라를 바라보는 대장장이(FS) → 타이틀 등장	오프닝 BGM	7초	
시퀀스 1	:	:	:	:
:	:	:	:	:

> 🔵 **과제** | 촬영 구성안을 만들어보자!
>
> **1. 앞서 작성한 기획안을 토대로 5~10분 분량의 촬영 구성안을 작성해보자.**
>
> **2. 즐겨 보는 TV 프로그램을 선정해 5~10분 분량을 촬영 구성안으로 옮겨보자.**

스토리보드란?

　스토리보드란 촬영에 돌입하기에 앞서 만들고자 하는 영상이 어떤 결과물로 나올지 사전에 시뮬레이션하는 작업입니다. 머릿속에 떠오른 아이디어와 내용을 그림으로 그려 확인해보는 절차입니다. 방송 프로그램뿐 아니라 광고 영상, 기업 홍보영상, 학교나 동아리에서 제작하는 영상에도 스토리보드 작업은 필수입니다. 클라이언트의 의도에 따라, 혹은 피디나 작가가 의도한 대로 영상이 표현될 수 있어야 하기 때문이죠.

　스토리보드는 장면 구성(비디오)과 자막/내래이션, 화면 이미지로 나눌 수 있습니다. 장면 구성에서는 장면(scene)별로 배우가 어떻게 움직이는지, 어떤 행동을 취하는지 보여줍니다. 장면 전환 효과가 들어갈 시 해당 내용도 적어줍니다. 영상에 등장하는 자막이나 성우의 내래이션이 어떤 장면에 맞춰 등장하는지 적는 것도 이때입니다. 등장인물이 직접 던지는 대사도 여기에 포함됩니다. 화면 이미지는 각 장면이 어떻게 그려질지 제작자나 클라이언트의 의도에 맞게 직접 그려보는 작업입니다.

출처 | 영화 <메리>, 2018. 각본/감독 차서원, 스토리보드 박관균

과제 | 스토리보드를 만들어보자!

1. 즐겨 보는 TV 프로그램을 선정해 5~10분 분량을 스토리보드로 옮겨보자.

2. 앞서 기획안을 작성한 프로그램의 장면을 상상해 스토리보드를 제작해보자.

짧은 영상 콘텐츠 분석하기

기존에 방송되고 있는 프로그램을 1분, 1초 단위로 분석하는 일은 의미 있는 과정입니다. 대학교 방송 관련 전공, 교양 수업 중에 자주 등장하는 과제이기도 하죠. 하지만 방송, 미디어라는 큰 틀에서 PD라는 진로를 탐색하고자 하는 청소년에게 30분에서 길게는 2시간에 이르는 방송 프로그램을 분석하기란 결코 쉬운 작업이 아닙니다. PD에 관심을 두기도 전에 지쳐 흥미를 잃을 수도 있죠.

긴 프로그램보다는 짧은 영상 콘텐츠를 먼저 분석해보기를 추천합니다. 가령 각자가 좋아하는 유튜브 영상이나 TV나 모바일에서 인상 깊게 본 광고 영상을 분석하는 것처럼 말입니다.

❶ 공공기관, 축제나 행사, 브랜드 홍보영상 내레이션을 채록해 편집 구성안을 잡아보자.

아나운서나 성우의 내레이션이 삽입되는 홍보영상은 내레이션의 내용과 흐름이 영상 전체의 흐름과 맞닿아있을 때가 많습니다. 유튜브에서 30초~3분 정도 되는 홍보 영상을 검색해 편집 구성안을 제작해봅시다.

내래이션을 받아 적는 것만으로도 전체 영상 중 어디까지가 인트로고 핵심 메시지는 어떻게 강조했는지를 파악할 수 있습니다. 최종 결과물을 기획 단계로 다시 가져오는 과정을 통해 구성안 분석에서 그치지 않고, 동일한 내레이션을 바탕으로 전혀 다른 장면을 상상할 수도 있습니다.

❷ 즐겨 보는 유튜브 채널 영상의 편집 구성안을 작성해보자

짧게는 3~4분에서 길어도 20분 미만인 유튜브 영상 콘텐츠는 정통 방송 프로그램과 여러 면에서 차이점이 존재합니다. 출연자의 수, 야외 방송인지 실내 스튜디오 콘텐츠인지, 브이로그라면 크리에이터의 얼굴이 어느 정도 드러나는지, 〈워크맨〉, 〈와썹맨〉처럼 주인공 혹은 MC가 등장하는지 아니면 목소리만 나오는지에 따라 다양한 영상 문법이 적용되는 곳이 바로 유튜브입니다.

유튜브 영상의 '편집 구성안'을 작성해보고 내가 좋아하는 크리에이터의 유튜브 콘텐츠가 어떤 방식으로 시청자들의 이목을 끄는지, 편집 기법의 특징은 무엇인지를 알아봅시다.

내레이션 채록 예시 (실제 영상과 무관)

소주제	내레이션 또는 자막
○○항공의 사명 – 30초	당신의 행복을 지키기 위해 누구도 간섭 못 할 편안함을 드리기 위해 우리는 보이지 않는 곳에서도 묵묵하고 꾸준하게 최선을 다합니다
첨단 항공기와 안전을 위한 정신 – 30초	누구보다 빠른 것도 중요하지만 무엇보다 안전하겠다는 마음가짐은 ○○항공이 수십 년 동안 지켜온 우리의 정신입니다 새로이 도입한 ○○○ 항공기는 세계 최고 수준의 안정성과 세계 최상의 서비스를 제공하는 우리 마음의 증표입니다
헌신과 책임감 – 40초	:
:	:

PD를 꿈꾸는 청소년들에게 추천하는 책

PD가 말하는 PD
김민식, 장기오, 정수웅 외 | 부키 | 2012

20여 명의 필자가 각자 겪고 있는 PD로서의 삶과 고민을 녹여낸 책으로 MBC 김민식 PD 필두로 이영돈, 장기오, 정수웅, 최삼규 등 국내의 내로라하는 PD들이 집필에 참여했습니다. 〈PD가 말하는 PD〉의 가장 큰 장점은 직업인으로서 PD를 다각도로 조명한다는 점인데요, 독자는 PD들의 입을 통해 드라마, 문화 다큐멘터리, 자연 다큐멘터리, 코미디, 토크쇼, VJ, 라디오 교양, 라디오 음악, 영화, 민요, 애니메이션, 외화, 콘텐츠 PD 분야의 생생한 이야기를 확인할 수 있습니다. 동시에 이 책은 PD에게 필요한 열정과 덕목을 자세히 조언해주고 있으며, 다소 예전 정보라는 단점은 있지만 PD 지망생과 청소년, 일반인 모두에게 PD라는 직업을 소개하는 대표적인 입문서입니다.

피디 마인드 2017
김신완 | 새잎 | 2017

2005년부터 MBC에서 근무하면서 〈불만제로〉와 〈PD수첩〉 조연출을 거쳐 〈생방송 오늘아침〉, 〈자체발광〉 등을 연출한 김신완 PD가 집필한 책입니다. 저자는 수백 혹은 수천 대 일의 치열한 경쟁을 뚫고 PD가 되는 사람들에게는 'PD 마인드가 있다'라고 말합니다.

〈피디 마인드 2017〉은 시사교양, 예능, 드라마, 편성 PD란 어떤 존재이며 각 장르 PD들이 갖춰야 할 마인드는 무엇인지 조목조목 짚어줍니다. PD 지망생들이 입사 직후 경험하게 될 생생한 조연출 생활도 엿볼 수 있습니다. '이슈분석' 코너에서는 〈PD수첩〉, 〈아마존의 눈물〉, 〈무한도전〉, 〈히든싱어〉, 〈복면가왕〉, 〈응답하라 1994〉 등 한국 방송사에 의미 있는 발자취를 남긴 프로그램을 리뷰합니다. 저자는 각 프로그램과 관련된 주제인 'PD저널리즘', '리얼 버라이어티', '서바이벌 프로그램과 포맷 시장', '지상파가 만들지 못하는 드라마', '드라마 사전제작 시스템' 같은 방송사 지망생들이 알아두었으면 하는 주요 이슈를 알기 쉽게 설명하고 있습니다. 또한 상대적으로 정보가 부족한 편성 PD의 구체적인 삶도 확인할 수 있습니다. 방송국 PD를 꿈꾸는 지망생들과 PD 초년생에게 길잡이가 될 수 있는 책입니다.

예능 PD와의 대화
홍경수 | 사람in | 2016

현재 한국의 PD 지망생들에게 가장 인기 있는 장르인 '예능'의 세계를 들여다보는 책입니다. 〈지붕 뚫고 하이킥〉, 〈순풍산부인과〉 등 한국 시트콤의 역사로 불리는 김병욱 PD와 〈개그콘서트〉 총괄 박중민 PD, 〈무릎팍도사〉, 〈썰전〉 등을 기획한 여운혁 PD, 〈1박 2일〉, 〈꽃보다 시리즈〉의 이명한 PD 그리고 〈힐링캠프〉의 최영인 PD의 인터뷰가 수록돼있습니다. 굵직한 예능 프로그램으로 시청자들에게 사랑받은 '예능 고수'들의 어린 시절부터 현재까지의 이야기가 담겨 있습니다. 1990년대에서 2000년대를 지나며 '코미디'에서 '리얼 버라이어티 쇼'로 포맷이 확장되고 드라마와 다큐멘터리의 경계를 허물고 있는 예능 프로그램의 변화를 살펴보기도 하며, 김병욱 PD의 '해외 진출 사례'와 박중민 PD가 전하는 'KBS 예능 포맷의 수출 실패 사례' 같은 진솔한 이야기도 확인할 수 있습니다.

저자는 1995년 KBS에 입사해 〈열린 음악회〉, 〈가요무대〉, 〈이소라의 프로포즈〉, 〈다큐멘터리 3일〉, 〈TV 책을 말하다〉 등을 만들고 〈PD WHO & HOW〉를 집필한 홍경수 순천향대학교 미디어 커뮤니케이션학과 교수입니다.

언론고시, 하우 투 패스
이현택, 김주민 외 | 커뮤니케이션북스 | 2015

　치열한 경쟁률 때문에 '언론고시'로 불리기도 하는 방송국, 신문사 입사 시험을 분석한 수험생 필독서입니다. 조선일보 이현택, 한국경제 김태호 기자 등이 공동집필 한 〈언론고시, 하우 투 패스〉는 제목처럼 언론·방송사 입사에 필요한 서류전형, 필기시험, 실무 테스트와 면접 전형을 성공적으로 통과하는 방법을 제시해주고 있습니다. 2006년부터 2016년까지 11년간 출제된 기출 문제를 통해 논술, 작문 트렌드를 설명해주고 매체별 시험의 공통점과 차이점, 예비 언론인을 위한 대학생활 가이드, 스터디 그룹 운영에 대한 팁, 자기소개서 작성법같이 PD와 기자 지망생들에게 피와 살이 될 노하우가 가득 수록돼있습니다. 저자 4인 외에도 객원 저자 13명이 집필에 참여했고, 현직 언론인 8명이 인터뷰에 응해 보다 다양하고 구체적인 이야기를 확인해볼 수 있습니다.

☑ 여기서 잠깐! 언론·방송 분야 지망생에게 필요한 모든 정보가 모이는 곳 '아랑'

2003년 1월, 다음 카페에 오픈한 '언론인을 꿈꾸는 카페-아랑'은 명실상부 국내 최대 언론 방송 분야 정보 커뮤니티다. 15만 명이 가입하고 하루에 3만~5만여 명이 방문하는 '아랑'은 PD, 기자, 아나운서, 방송기술직 등 미디어 직업을 꿈꾸는 학생, 직장인이 언론사 입사 관련 정보를 공유하는 '가장 신뢰할 수 있는' 온라인 모임으로 알려져 있다.

'아랑'은 앞 장에서 언급한 〈언론고시, 하우 투 패스〉를 집필한 이현택 기자가 설립했다. 방송국, 신문사 공개채용 공고부터 국어, 상식 시험 정보, 합격 후기 등 사실상 PD, 기자, 아나운서 지망생들에게 필요한 모든 정보가 제공된다. 직접 쓴 논술, 작문을 올리고 회원끼리 비평을 나눌 수도 있고, 입사 시험 대비 스터디를 모집, 결성할 수도 있다.

PD·방송과 관련된 학과 및 졸업 후 진로

방송국 PD 하면 떠오르는 전공은 역시 '신문방송학과'입니다. PD는 방송을 통해 사회 현상을 분석하고, 드라마나 예능에서 시청자에게 재미와 감동을 제공하는 이야기꾼이라는 점에서 인문·사회계열 학과에 진학해야 한다는 생각은 여전히 지배적입니다. 국내 대학교 미디어 관련 학과도 사회과학계열 중심으로 개설돼있습니다. 워크넷이 조사한 PD 전공 분포(2018) 자료를 보면 사회계열 전공자가 65%에 달하는데요, 예체능 계열이 23%, 인문계열이 10%로 뒤를 따르고 있습니다.

영어나 중국어 등 외국어 능력을 활용하거나 공학이나 자연과학 지식을 쌓아 관련 방송을 제작하는 PD들도 존재합니다. 특히 기술 발전에 따라 사회가 급변하면서 시사나 다큐멘터리 영역에서 과학과 공학 지식이 요구될 때도 많습니다. 예술 전공자도 인문·사회, 이공계 전공자와 다른 프로그램을 제작할 수 있어 장점이 될 수 있죠.

한편, 1인 미디어가 성장하면서 '콘텐츠 크리에이터(미디어콘텐츠창작자)'를 PD와 유사한 업무 종사자로 볼 수 있습니다. 시청자들은 지상파 방송 대신 유튜브, 넷플릭스 같은 소셜 플랫폼과 OTT 서비스로 옮겨가고 있고, 전통적인 영상 제작 방식도 빠르게 변화하고 있죠. 개인이 제작하는 영상 콘텐츠가 하나의 산업으로 자리 잡으면서 콘텐츠 크리에이터 역시 증가할 것으로 예상됩니다.

관련 학과 및 진로

미디어커뮤니케이션학과, 신문방송학과, 언론홍보학과, 광고홍보학과, 국어국문학과, 문예창작학과, 사회학과, 정치외교학과, 역사학과, 연극영화학과, 방송영상과, 영상제작과 등 국내외 대학교 인문·사회계열에 미디어커뮤니케이션학과, 신문방송학과 등 방송 이론과 미디어를 배울 수 있는 전공이 개설돼있습니다. 그러나 반드시 신문방송학과를 졸업해야만 PD가 될 수 있는 것은 아닙니다. 이공계 출신이라면 4차 산업 혁명이나 빠르게 변화하는 기술에 관한 지식을 프로그램 기획에 적용할 수 있을 겁니다. 역사를 공부한 PD는 교양 다큐멘터리뿐 아니라 예능, 드라마에서도 본인의 강점을 살린 프로그램을 제작할 수 있죠. PD는 프로그램 기획자로서 자신만의 무기가 있다면 전공의 유불리가 크게 작용하지 않는 직업군이기도 합니다.

미디어커뮤니케이션학과

◆ 관련 교육 내용

현대 정보화 사회의 학문, 문화, 산업, 직업 활동 등에서 중요한 부분을 차지하는 커뮤니케이션의 이론과 실기를 교육한다. 언어·비언어·대인·대중·문화·국제·영상커뮤니케이션 등 커뮤니케이션 전반을 체계적으로 학습할 수 있으며, 신문·방송·뉴미디어·광고·출판·비평·컨설턴트·큐레이터·엔터테인먼트·마케팅·경영·리더십·교육·국제기구 등 다양한 사회·직업 영역의 전문적 인재를 양성한다.

◆ 졸업 후 진로

방송, 신문 및 출판 기자, 카메라 기자, 아나운서, 리포터, 방송 및 뉴미디어 콘텐츠 제작 프로듀서, 콘텐츠 기획 및 세일즈 전문가, 광고·홍보 기획 및 제작자, 정부·정당·기업 등의 홍보 전문가, 방송작가, 비디오 저널리스트, 편집 기사, 대중문화 평론가, 미디어 리터러시 전문가 등.

신문방송학과/언론홍보학과

◆ 관련 교육 내용

현대 사회에서 커뮤니케이션은 사회를 형성하고 유지, 발전시키는 근본 매커니즘이다. 신문방송학과는 작게는 개인과 개인의 의사소통 문제부터 신문, 방송, 영화, 잡지 등 대중 매체에 이르는 커뮤니케이션 과정에 대한 이론과 기술을 학습한다. 언론·방송·매체 관련 분야에서는 신문, 출판·잡지, 방송, 영상매체, 광고·홍보, 뉴미디어·정보통신, 사진, 스피치, 커뮤니케이션 연구(심리학, 조직 커뮤니테이션) 등을 연구한다. 일부 신문방송학과는 미디어커뮤니케이션학과로 전공 명칭과 커리큘럼을 변경하기도 한다.

◆ 졸업 후 진로

방송 프로듀서, 1인미디어콘텐츠창작자, 소셜미디어전문가, 해외방송산업전문가, 미디어중독치료사, 신문기자, 잡지기자, 편집기자, 인터넷전문기자, MCN기획자, 웹기획자, 연예프로그램 진행자, 웹방송전문가, 광고·홍보기획자, CF감독, 카피라이터, 평론가, 행정공보담당공무원, 사회조사 전문가 등.

광고홍보학과

◆ 교육 내용

기업 간 경쟁이 치열해지고 상품 판매 전략이나 이미지가 기업 홍보에 중요한 역할을 차지하기 시작하며 광고 및 홍보에 대한 중요성이 커지고 있다. 정부·지자체·시민단체·종교단체 등도 조직 이미지 관리를 위한 홍보에 관심을 보이고 있다. 광고·홍보학은 광고 활동과 광고 현상을 연구하는 '광고' 분야와 커뮤니케이션 활동을 통한 기업, 단체, 관공서 등의 활동을 알리는 '홍보' 분야로 구분된다. 광고시장조사, 광고 제작, 홍보 및 이벤트 기획 등 전문지식을 학습할 수 있다.

◆ 졸업 후 진로

온라인광고기획자, 빅데이터분석전문가, 소셜미디어전문가, 사이버평판관리자, 미디어콘텐츠창작자, 웹기획자, 키워드에디터, 이미지컨설턴트, 광고·홍보 사무원, 홍보전문가, 사회단체활동가, IR전문가, 상품공간스토리텔러, 행사기획자, 언론정책연구원, 신문기자, 잡지기자, 촬영기자, 출판기획자, 뉴미디어콘텐츠제작자, 방송 프로듀서 등.

연극영화학과

◆ 교육 내용

장르를 아우르며 발전하고 있는 종합예술로서 연극과 영화를 교육한다. 대학의 연극영화 관련 학과에서는 시나리오 작성, 연출, 촬영, 마케팅, 연기 등 연극·영화에 대한 학문적 지식과 실습 교육을 통해 유능한 공연영상예술인 양성을 목표로 하고 있다.

◆ 졸업 후 진로

영화감독, 영화제작자, 공연기획자, 애니메이션기획자, 뮤지컬배우, 연극배우, 모델, 가수, 성우, 리포터, 평론가, 1인미디어콘텐츠창작자, 메이킹필름제작자, 촬영기사, 조명기사, 음향 및 녹음기사, 연기학원강사, 방과후교사 등.

국어국문학과

◆ 교육 내용

국어국문학은 우리말과 글의 문법, 외국어와 한국어 구조의 차이점, 변천사 등을 교육한다. 작자미상의 고전문학부터 현대문학까지 시·소설·수필·희곡·평론 등 다양한 문학작품과 작가를 연구하며, 글쓰기 연습을 통해 문장력, 표현력, 언어력 등을 학습하게 된다.

◆ 졸업 후 진로

편집기자, 방송기자, 신문기자, 잡지기자, 리포터, 아나운서, 라디오작가, 만화스토리작가, 방송작가, 점역사, 번역가, 소설가, 시인, 시나리오작가, 작사가, 국어교사, 한국어강사, 국어학원강사, 스피치강사, 논술지도사, 한자한문강사, 한국문화강사, 사이버학습지교사, 교재 및 교구개발자, 소셜미디어분석가, 미디어콘텐츠창직자, 웹툰기획자, 출판물기획자, 출판물편집자, 평론가 등.

사회학과

◆ 교육 내용

사회학은 사람들이 사회에서 살아가는 생활 방식을 분석하고, 사회 구성원 간 상호작용과 사회구조를 탐구해 보다 나은 미래사회의 대안을 모색하는 학문이다. 사회 전체를 종합적으로 이해하는 '종합사회학'과 특정 분야의 사회현상을 분석하는 '특수사회학'으로 구분된다. '종합사회학'에서는 사회사상, 사회변동, 사회발전론 등을 연구하며, '특수사회학'은 정치, 경제, 문화, 예술, 종교, 역사 등 특정 사회에 대한 이해를 집중적으로 학습한다.

◆ 졸업 후 진로

신문·방송기자, 방송연출가, 다큐멘터리 작가, 소셜미디어전문가, 카피라이터, 출판문기획자, 사회교사, 사회 분야 학원강사, 지역사회교육코디네이터, 사회과학연구원, 사회학연구원, 시장 및 여론조사전문가, 소비자트렌드분석가, 빅데이터전문가 등.

정치외교학과

◆ 교육 내용

정치에 대한 시민들의 관심, 참여가 증가하고 국제정세가 한국 사회 문제에 영향을 미치면서 정치·외교학에 대한 관심이 증가하고 있다. 정치·외교학은 정치사상사와 정치현상에 대한 이론을 공부하는 '정치이론' 분야와 헌법과 정부 제도를 분석하는 '정치제도' 분야, 정당·여론·이익집단 등 정치활동을 연구하는 '정치과정', 국제정치와 국제기구, 외교문제 등을 연구하는 '국제정치' 분야로 구분된다.

◆ 졸업 후 진로

입법·행정·법원공무원, 병무행정사무원, 조세행정사무원, 해외무역관, 해외영업원, 무역사무원, 국제협력사무원, 국제정치연구원, 정치평론가, 정치컨설턴트, 국제회의기획자, 국제기구종사자, 정치학연구원, 신문·방송기자, 정치여론조사전문가 등.

역사·고고학과

◆ 교육 내용

한국을 비롯해 아시아, 유럽, 아메리카 등 다양한 문화권의 역사와 문화를 탐구한다. 역사적 사고방식과 지식을 습득해 학문에 대한 응용력을 함양하고, 올바른 역사의식과 역사관을 정립하는 것을 목표로 한다. 고고학은 실내 연구 외에 유적 발굴 조사 등 야외합동연구조사를 지속적으로 진행하므로 협동심과 사회 생활에 필요한 자질, 사물에 대한 관찰력과 분석력을 함양하게 한다.

◆ 졸업 후 진로

유적발굴원, 역사학연구원, 예술제본가, 문화재연구원, 문화재디지털복원가, 지역문화사업연구조사원, 기록물관리사, 문화재발굴조사전문가, 문화재 수리 및 복원연구원, 역사교사, 역사학원강사, 교재 및 교구개발자, 중등학교 역사교사, 문화직 공무원, 여행사무원, 미술품감정사, 미술품경매사, 문화재감정평가사, 해외문화프로그램 방송작가, 문화해설사, 상품공간스토리텔러, 문화관광해설사, 무대 및 세트디자이너, 출판물기획자, 방송작가, 문화예술프로그램기획자 등.

사진·영상예술학과

◆ 교육 내용

사진을 비롯해 디지털영상 콘텐츠 제작을 위한 이론과 실습을 교육한다. 멀티미디어 시대가 도래하고 디지털카메라와 스마트폰 사용이 증가해 사진과 영상을 함께 배우는 융합 학과들이 생겨나고 있으며 드론 수업이 개설되기도 한다. 사진영상은 과학기술의 바탕 위에 이뤄진 예술 분야로 예술적 표현뿐 아니라 기록, 보도, 광고, 학술연구, 의료, 항공사진측량, 우주개발, 고고학 연구 등으로 넓게 응용되고 있다.

◆ 졸업 후 진로

사진작가, 방송연출가, 영화제작자, 다큐멘터리 작가, 드론촬영기사, 방송송출장비기사, 영상 녹화 및 편집기사, 1인미디어콘텐츠창작자, 큐레이터, 영상필름관리원, 홀로그램전문가, 애니메이터, 가상현실전문가, 증강현실전문가, 게임그래픽디자이너, 애니메이션기획자 등.

✔ 여기서 잠깐! PD 실무 교육을 받을 수 있는 방송아카데미

방송학이나 미디어 관련 전공자가 아니거나 방송 제작, 연출 경험이 부족한 지망생들은 어디서 교육을 받을 수 있을까? 방송과 연결고리가 부족한 분들에게는 방송 아카데미 수료가 도움 될 수 있다. KBS, MBC 같은 국내 주요 방송국이 자체 아카데미를 운영하고 있고, 고용노동부 인가를 받은 사설 방송 아카데미도 다수 설립돼 있다. 방송아카데미는 PD, 기자, 아나운서, 작가, 카메라, 방송기술, 영상편집, 성우 등 미디어콘텐츠 제작에 종사할 전문 인력 양성을 목표로 한다. 언론사 논술, 작문 대비반을 운영하기도 하며, 최근에는 변화한 미디어 트렌드를 반영해 웹툰, 웹소설, 유튜브, XR(VR·AR·MR 등 확장현실을 이르는 말) 과정을 개설한 곳도 있다.

미디어, 영상, 언론 관련 학과

학과 구분	지역	대학명	학과명
미디어학과	서울특별시	건국대학교(서울캠퍼스)	영상학과
		건국대학교(서울캠퍼스)	미디어커뮤니케이션학과
		경기대학교(서울캠퍼스)	영상학과
		경기대학교(서울캠퍼스)	언론미디어학과
		경희사이버대학교	미디어커뮤니케이션학과
		경희사이버대학교	미디어영상홍보전공
		고려대학교(본교)	미디어학부
		국민대학교(본교)	미디어전공
		덕성여자대학교(본교)	IT미디어공학과
		동국대학교(서울캠퍼스)	사회언론정보학부 미디어커뮤니케이션학전공
		서강대학교(본교)	미디어&엔터테인먼트전공
		서강대학교(본교)	스포츠미디어연계전공
		성공회대학교(본교)	미디어컨텐츠융합자율학부
		성균관대학교(본교)	영상학과
		성균관대학교(본교)	미디어커뮤니케이션학과
		성신여자대학교(본교)	미디어커뮤니케이션학과
		세종대학교(본교)	미디어커뮤니케이션학과
		숙명여자대학교(본교)	미디어학부
		숭실대학교(본교)	글로벌미디어학부
		연세대학교(신촌캠퍼스)	문화ㆍ미디어전공
		한국예술종합학교	멀티미디어영상과
		한양대학교(서울캠퍼스)	미디어커뮤니케이션학과
	부산광역시	동아대학교(승학캠퍼스)	미디어커뮤니케이션학과
		부산외국어대학교(본교)	디지털미디어학부(인터넷미디어전공)
	대전광역시	배재대학교(본교)	미디어콘텐츠학과
		우송대학교(본교)	테크노미디어융합학부 미디어디자인·영상전공
		우송대학교(본교)	테크노미디어융합학부 영상콘텐츠전공
		우송대학교(본교)	글로벌미디어영상학과
		한남대학교(본교)	미디어영상전공

학과 구분	지역	대학명	학과명
미디어학과	경기도	가천대학교(글로벌캠퍼스)	미디어커뮤니케이션학과
		가톨릭대학교(본교)	미디어공학전공
		대진대학교(본교)	미디어커뮤니케이션학과
		수원대학교(본교)	정보미디어학과
		수원대학교(본교)	미디어커뮤니케이션학과
		수원대학교(본교)	정보미디어학
		아주대학교(본교)	미디어학과
		한신대학교(본교)	미디어영상전공
		한신대학교(본교)	영상문화학전공
		한양대학교(ERICA캠퍼스)	정보사회미디어학과
		한양대학교(ERICA캠퍼스)	미디어테크놀로지전공
		협성대학교(본교)	미디어영상전공
	강원도	가톨릭관동대학교(본교)	미디어창작학과
		가톨릭관동대학교(본교)	미디어콘텐츠학전공
		강원대학교(삼척캠퍼스)	컴퓨터 · 미디어 · 산업공학부 미디어공학전공
		강원대학교(삼척캠퍼스)	방송미디어과학과
		강원대학교(본교)	영상문화학과
		한라대학교(본교)	광고영상미디어학과
		한라대학교(본교)	미디어콘텐츠학과
		한림대학교(본교)	미디어스쿨
	충청북도	건국대학교(GLOCAL캠퍼스)	미디어콘텐츠전공
		건국대학교(GLOCAL캠퍼스)	다이나믹미디어학과
		건국대학교(GLOCAL캠퍼스)	미디어학부
		건국대학교(GLOCAL캠퍼스)	다이나믹미디어전공
		세명대학교(본교)	미디어문화학부
		유원대학교(본교)	미디어콘텐츠학과
		청주대학교(본교)	미디어커뮤니케이션한국문화전공
		청주대학교(본교)	미디어콘텐츠학부
	충청남도	공주대학교(본교)	영상학과
		나사렛대학교(본교)	방송미디어학과
		선문대학교(본교)	미디어커뮤니케이션학과

학과 구분	지역	대학명	학과명
미디어학과	충청남도	순천향대학교(본교)	미디어커뮤니케이션학과
		순천향대학교(본교)	미디어콘텐츠학과
		청운대학교(본교)	미디어커뮤니케이션학과
		한국기술교육대학교(본교)	인터넷미디어공학부
		호서대학교	영상미디어전공
	전라북도	군산대학교(본교)	미디어문화학과
		전주대학교(본교)	스마트미디어학과
		전주대학교(본교)	멀티미디어전공
		호원대학교(본교)	멀티미디어정보학과
		호원대학교(본교)	공연미디어학부
	경상북도	경운대학교(본교)	멀티미디어전공
		대구대학교(경산캠퍼스)	미디어커뮤니케이션학과
	경상남도	경남대학교(본교)	미디어커뮤니케이션학과
	제주특별자치도	제주국제대학교(본교)	스마트미디어학과
광고홍보학	서울특별시	국민대학교(본교)	광고학전공
		국민대학교(본교)	광고홍보학전공
		동국대학교(서울캠퍼스)	광고홍보학전공
		동국대학교(서울캠퍼스)	광고홍보학과
		사이버한국외국어대학교	마케팅 · 광고학과
		세종사이버대학교	디지털마케팅학과
		세종사이버대학교	마케팅·홍보학과
		숙명여자대학교(본교)	홍보광고학과
		이화여자대학교(본교)	광고홍보학전공
		중앙대학교(서울캠퍼스)	광고홍보학과
		한국외국어대학교(본교)	광고·PR·브랜딩전공
		한양사이버대학교	광고미디어학과
	부산광역시	경성대학교(본교)	광고홍보학과
		경성대학교(본교)	광고홍보학전공
		고신대학교	광고홍보학과
		동명대학교(본교)	광고홍보학과
		동서대학교(본교)	광고PR전공
		동의대학교	광고홍보학과

학과 구분	지역	대학명	학과명
광고홍보학	부산광역시	동의대학교	광고홍보학전공
		동의대학교	미디어·광고학부
		신라대학교(본교)	광고홍보학과
		영산대학교(해운대캠퍼스)	광고홍보학과
		영산대학교(해운대캠퍼스)	빅데이터광고마케팅학과
	대전광역시	대전대학교(본교)	산업·광고심리학과
		목원대학교(본교)	광고홍보언론학과
	대구광역시	계명대학교	광고홍보학전공
	경기도	을지대학교(성남캠퍼스)	의료IT마케팅학과
		차의과학대학교	의료홍보미디어학과
		평택대학교(본교)	광고홍보학과
		한세대학교(본교)	미디어영상광고학과
		한세대학교(본교)	미디어광고학과
		한세대학교(본교)	광고홍보학전공
		한신대학교(본교)	광고홍보학과
		한신대학교(본교)	미디어영상광고홍보학부
		한신대학교(본교)	광고홍보전공
		한신대학교(본교)	미디어영상광고학부
		한양대학교(ERICA캠퍼스)	홍보전공
		한양대학교(ERICA캠퍼스)	광고홍보학과
		한양대학교(ERICA캠퍼스)	광고전공
		협성대학교(본교)	광고홍보전공
		협성대학교(본교)	미디어영상광고학과
	강원도	가톨릭관동대학교(본교)	광고홍보전공
		가톨릭관동대학교(본교)	광고홍보학과
		가톨릭관동대학교(본교)	광고홍보학전공
		상지대학교(본교)	언론광고학부 광고홍보전공
		상지대학교(본교)	미디어영상광고학부
		상지대학교(본교)	미디어영상광고학부 광고홍보전공
		한라대학교(본교)	광고홍보학과
		한림대학교(본교)	광고홍보학과
	충청북도	건국대학교(GLOCAL캠퍼스)	광고홍보전공 트랙

학과 구분	지역	대학명	학과명
광고홍보학	충청북도	서원대학교(본교)	광고홍보학과
		세명대학교(본교)	광고홍보학과
		청주대학교(본교)	광고홍보문화콘텐츠전공
		청주대학교(본교)	광고홍보학과
	충청남도	남서울대학교(본교)	광고홍보학과
		중부대학교(본교)	광고홍보학과
		청운대학교(본교)	광고홍보학과
		한서대학교(본교)	공항홍보전공
	전라북도	우석대학교(본교)	미디어영상광고학부
		우석대학교(본교)	광고홍보이벤트학과
		우석대학교(본교)	광고이벤트학과
		우석대학교(본교)	광고홍보학과
		전주대학교(본교)	광고홍보전공
	경상북도	대구가톨릭대학교 (효성캠퍼스)	광고홍보전공
	세종특별자치시	홍익대학교(세종캠퍼스)	상경학부 E-마케팅전공
		홍익대학교(세종캠퍼스)	광고홍보학부
연극영화학과	서울특별시	건국대학교(서울캠퍼스)	영화학과
		경기대학교(서울캠퍼스)	연기학과
		경희대학교(본교-서울캠퍼스)	연극영화학과
		국민대학교(본교)	연극영화전공
		국민대학교(본교)	영화전공
		글로벌사이버대학교	방송연예학과
		동국대학교(서울캠퍼스)	영화영상학과
		동덕여자대학교(본교)	모델과
		동덕여자대학교(본교)	방송연예과
		디지털서울문화예술대학교	모델학과
		서경대학교(본교)	모델연기전공
		서경대학교(본교)	영화영상학과
		서경대학교(본교)	연출전공
		서경대학교(본교)	연기전공
		세종대학교(본교)	영화예술학과

학과 구분	지역	대학명	학과명
연극영화학과	서울특별시	숭실대학교(본교)	예술창작학부 영화예술전공
		숭실사이버대학교	연예예술경영학과
		중앙대학교(서울캠퍼스)	공연영상창작학부
		중앙대학교(서울캠퍼스)	공연영상창작학부(영화전공)
		추계예술대학교(본교)	영상시나리오과
		한국예술종합학교	영화과
		한국예술종합학교	연희과
		한국예술종합학교	연기과
		한양대학교(서울캠퍼스)	연극영화학과
	부산광역시	경성대학교(본교)	영화전공
		경성대학교(본교)	연극영화학부
		동서대학교(본교)	영화(Film&Video)전공
		동서대학교(본교)	영화과(인문사회계열)
		동서대학교(본교)	연극영화연기전공
		동서대학교(본교)	영화과
		동서대학교(본교)	연기과
		동의대학교	영화학과
		영산대학교(해운대캠퍼스)	영화영상전공
		영산대학교(해운대캠퍼스)	연기뮤지컬학과
		영산대학교(해운대캠퍼스)	방송연예학부
	인천광역시	인하대학교(본교)	연극영화학과
	대전광역시	목원대학교(본교)	TV·영화학부 연기전공
		목원대학교(본교)	TV·영화학부 TV·영화전공
		목원대학교(본교)	TV·영화학부
		배재대학교(본교)	연극영화학과
	경기도	단국대학교(죽전캠퍼스)	공연영화학부
		단국대학교(죽전캠퍼스)	영화전공
		대진대학교(본교)	영화전공
		대진대학교(본교)	연극영화학부
		명지대학교(자연캠퍼스)	영화·뮤지컬학부 뮤지컬공연전공
		명지대학교(자연캠퍼스)	예술학부(영화전공)
		명지대학교(자연캠퍼스)	예술학부(뮤지컬공연전공)

학과 구분	지역	대학명	학과명
연극영화학과	경기도	명지대학교(자연캠퍼스)	영화·뮤지컬학부 영화전공
		성결대학교(본교)	연극영화학부
		수원대학교(본교)	연극영화학부
		수원대학교(본교)	영화영상
		신한대학교(의정부캠퍼스)	모델콘텐츠전공
		예원예술대학교(양주캠퍼스)	연극영화전공
		예원예술대학교(양주캠퍼스)	연극영화학과
		용인대학교(본교)	영화영상학과
		중앙대학교(안성캠퍼스)	영화학과
		중앙대학교(안성캠퍼스)	공연영상창작학부
		평택대학교(본교)	방송연예학과
	강원도	가톨릭관동대학교(본교)	방송연예학과
		가톨릭관동대학교(본교)	방송연예전공
		강원대학교(삼척캠퍼스)	방송연예학과
		강원대학교(삼척캠퍼스)	연극영화학과
	충청북도	극동대학교(본교)	연출스탭전공
		극동대학교(본교)	연기전공
		극동대학교(본교)	스텝전공
		중원대학교(본교)	연극영화학과
		청주대학교(본교)	영화학과
		청주대학교(본교)	연극영화학부
		청주대학교(본교)	연출 · 제작전공
		청주대학교(본교)	연기전공
	충청남도	상명대학교(천안캠퍼스)	영화영상학과
		상명대학교(천안캠퍼스)	영화영상전공
		중부대학교(본교)	연극영화학전공
		청운대학교(본교)	영화학과
		청운대학교(본교)	방송영화영상학과
		한서대학교(본교)	영화영상학과(연출, 스텝, 연기)
		한서대학교(본교)	연극영화학과
		한서대학교(본교)	영화영상학과
	전라북도	예원예술대학교(임실캠퍼스)	공연예술뮤지컬학과

학과 구분	지역	대학명	학과명
연극영화학과	전라북도	예원예술대학교(임실캠퍼스)	공연예술뮤지컬전공
		우석대학교(본교)	공연예술뮤지컬학과
		전주대학교(본교)	공연방송연기학과
		전주대학교(본교)	영화방송제작학과
		전주대학교(본교)	영화방송학과
		전주대학교(본교)	영화영상학과
		전주대학교(본교)	공연엔터테인먼트학과
		호원대학교(본교)	방송연예학부
	전라남도	동신대학교(본교)	방송연예학과
		세한대학교(본교)	방송영화학과
	경상북도	대구예술대학교(본교)	방송연예전공
		동양대학교(본교)	연극영화학과
	제주특별자치도	제주국제대학교(본교)	영화연극학과
연극영화과 (전문대)	서울특별시	명지전문대학	연극영상학과
		서일대학교	연극영화학과
		정화예술대학교(명동캠퍼스)	방송영상·연기학부
	부산광역시	부산경상대학교	방송영상·영화과
	대전광역시	대덕대학교	예술체육학부 모델·연기영상과
		대덕대학교	연극영상과
	대구광역시	대구과학대학교	방송제작연기전공(자연)
	경기도	국제대학교	모델연기학과
		동서울대학교	연기예술과
		동아방송예술대학교	공연예술계열 연극 전공
		동아방송예술대학교	연기예술학과
		동아방송예술대학교	공연예술계열 연희연기 전공
		서울예술대학교	연극전공
		수원여자대학교	연기영상과
		여주대학교	방송제작연예과(연예연기전공)
		용인송담대학교	연기영상과
		장안대학교	연기영상과
		청강문화산업대학교	연극영상전공
		청강문화산업대학교	연출극작전공

학과 구분	지역	대학명	학과명
연극영화화 (전문대)	강원도	송호대학교	문화콘텐츠융합ICT과
	경상북도	대경대학교	연극영화방송예술학부
		대경대학교	문화융복합학부
		대경대학교	K-연극영화과
사진영상학과	서울특별시	상명대학교(서울캠퍼스)	사진영상콘텐츠학과
		한국예술종합학교	영상이론과
	부산광역시	경성대학교(본교)	사진학과
	대전광역시	배재대학교(본교)	광고사진영상학과
	대구광역시	계명대학교	사진미디어과
	광주광역시	광주대학교(본교)	사진영상드론학과
		광주대학교(본교)	사진영상학과
	경기도	중앙대학교(안성캠퍼스)	공연영상창작학부(사진전공)
	충청남도	상명대학교(천안캠퍼스)	사진영상미디어전공
		상명대학교(천안캠퍼스)	사진영상콘텐츠학과
		상명대학교(천안캠퍼스)	사진영상미디어학과
		중부대학교(본교)	사진영상학전공
	전라남도	순천대학교(본교)	사진예술학과
	경상북도	경운대학교(본교)	사진영상학과
		경일대학교(본교)	사진영상학부
		경주대학교(본교)	사진영화학과
		대구예술대학교(본교)	사진영상미디어전공

PD와 방송, 미디어 현장을 경험할 수 있는 대외활동

1 문화 PD

문화체육관광부가 주최하고 문체부 산하 기관인 한국문화정보원이 주관하는 문화PD는 만 19세~34세 청년이라면 누구나 지원할 수 있습니다. 합격자들은 영상 제작 교육을 무료로 수강한 뒤 국내 문화, 예술, 관광, 문화유산 등 다양한 문화정보와 소식을 영상으로 제작하게 됩니다. 활동 기간은 약 5개월이며 콘텐츠 제작비를 받으면서 영상을 만들어볼 수 있습니다. 한국문화정보원은 한류와 한국 문화를 소개하는 영상과 재외한국문화원의 행사 영상 촬영을 목표로 활동하는 '해외문화PD'를 함께 운영하고 있습니다.

2 tvN 골드핑거

요즘 가장 핫한 방송국인 tvN이 운영하는 대외활동입니다. 콘텐츠를 좋아하고 아이디어가 넘치는 20대라면 '골드핑거'로 6개월 동안 활동해보면 어떨까요? 합격자들은 tvN이 제작하고 있는 콘텐츠를 마케팅하고, 디지털 콘텐츠를 제작해볼 수 있으며, 20대 트렌드를 조사하면서 현직 PD와 마케터들의 특강을 들을 수 있습니다. 방송 제작보다는 마케팅 분야에 가깝게 느껴질 수 있지만, 콘텐츠 기획과 제작 그리고 마케팅을 두루 경험할 수 있다는 점이 매력적입니다.

3 MBC 청소년 PD단

취업을 목전에 둔 대학생들을 위한 대외활동은 많지만 청소년들이 체험해볼 만한 방송 계통 대외활동은 의외로 적습니다. MBC아카데미는 10~19세 청소년을 대상으로 선발하는 청소년 PD단을 운영하고 있습니다. 2020년 1월에 제10기 단원을 선발했는데요. 합격자들은 1년 동안 활동하면서 PD, 기자, 아나운서 등 방송 전문가들의 특강과 인터뷰, 현장 취재 등을 경험할 수 있습니다.

생생 인터뷰 후기

PD, 도전하고 도전하는 사람들

영상기자로 미디어 업계에 첫발을 내디딘 후 신문사 뉴미디어 영상 콘텐츠팀을 거친 뒤 돌고 돌아 PD가 되었습니다. 돌이켜보면 대학교에 진학할 때만 해도 제 꿈은 PD였습니다. 〈무한도전〉, 〈그것이 알고 싶다〉, 〈응답하라 시리즈〉를 보며 PD를 꿈꾸고 있는 여러분처럼 중학생이었던 저는 인포테인먼트(정보 오락 프로그램)의 문을 활짝 연 〈느낌표〉와 EBS의 〈지식채널e〉를 보며 PD가 되고 싶었습니다. 그때 왜 PD가 끌렸을까 생각해보면 PD는 '나만의 메시지'와 이야기를 영상 콘텐츠로 제작해 대중과 소통하고 '무에서 유'를 만들 수 있는 직업이기에 '전달자', '진행자'에 가까운 기자, 아나운서와는 다른 매력 포인트를 갖고 있다고 생각했던 것 같습니다.

전통적으로 PD라는 직업은 텔레비전과 라디오의 영역에 포함되어 있었습니다. 짧게는 10여 분에서 길게는 2시간 내외의 프로그램을 기획·제작하는 사람들. 대중이 상상하는 PD의 전형적인 이미지였을 것입니다. 제가 방송국 PD를 준비하던 10년 전, 당시 미디어를 둘러싼 이슈는 종합편성채널의 등장과 디지털 시대의 도래였습니다. 세상은 PD에게 새로운 도전과 변화를 요구했고, PD들은 도전을 피하지 않았죠. 그러나 변화에 적응할 때 즈음, 그들은 또 다른 새로운 도전에 직면하고 말았습니다.

바로 '콘텐츠 무한 경쟁 시대'가 도래했기 때문입니다. 유튜브는 2015년 이후 빠르게 성장해, 전 세계를 지배하는 플랫폼이 됐습니다. IT 트렌드에 밝은 대한민국은 현재 크리에이터 천국입니다. 스마트폰 하나만 있으면 당장이라도 영상을 찍어 올릴 수 있죠. 모두가 콘텐츠 크리에이터이며, 걸어 다니는 작은 방송국이 되어 버렸습니다.

넷플릭스와 디즈니 플러스, 웨이브 같은 국내외 OTT(Over The Top: 인터넷을 통해 시청하는 TV 서비스) 플랫폼도 존재감을 확대해 가고 있죠. OTT와 함께 통신사가 주도하는 IPTV 시장은 시청자를 독점하고 있던 거대 방송국을 하나의 '프로덕션'으로 만들었다 해도 과언이 아닙니다.

많은 이들이 '지상파 방송의 위기'를 말합니다. 그러나 방송국은 여전히 영상 콘텐츠의 강자입니다. 우리가 이름만 대면 알만한 방송국은 짧게는 수년, 길게는 수십 년의 노하우를 쌓아왔어요. 오랜 시간 동안 쌓아온 자본과 기술력, 전문성을 살린 방송국의 콘텐츠는 무한 경쟁 속에서도 뚜렷한 존재감을 드러내고 있습니다.

JTBC와 같은 종합편성채널과 CJ ENM의 tvN은 예능과 드라마의 새로운 가능성을 보여주고 있죠. 지상파 3사를 대표하던 유명 PD들이 종합편성채널과 대형 케이블 방송으로 꾸준히 이동하고 있고, 그동안 쌓아온 노하우를 바탕으로 새로운 무대에서 창의력을 마음껏 발휘하고 있습니다. 방송국이 운영하는 디지털 스튜디오도 이제 막 성장하고 있습니다. 새로운 가능성이죠. '스튜디오 룰루랄라'의 〈와썹맨〉과 〈워크맨〉이 대표적입니다.

변화의 풍랑 위에 PD들은 각자의 배를 띄워 항해합니다. 누군가는 정통 방송프로그램만의 강점과 매력을 수호하고, 누군가는 모바일과 방송을 연결하기도 합니다. 웹드라마와 웹예능이라는 과거에는 볼 수 없었던 새로운 장르의 개척자도 탄생했습니다.

PD를 꿈꾸는 청소년들에게 "넓게 보라"는 말을 전하고 싶습니다. 요즘 방송 현장은 극심한 과도기를 겪고 있습니다. 몇 년 새 급속도로 성장한 유튜브는 말할 것도 없고, IGTV(인스타그램TV), 틱톡을 필두로 한 '숏폼'의 인기는 영상 제작 문법을 송두리째 바꿔 놓았습니다. 기존 방송 PD에게는 위기일 수도, 도전의 기회일지도 모르지만 영상 창작자를 꿈꾸는 청소년들에게 지금처럼 '나만의 콘텐츠'를 만들기 쉬운 시기는 없었습니다.

유튜브가 됐든, SNS에 올리는 짧은 영상이 됐든 여러분의 재치와 고민이 들어간 영상을 꾸준히 만들어보기를 바랍니다. PD의 직업적인 범위는 꾸준히 달라질 것입니다. 새로운 기술의 등장으로 인해 지금보다 훨씬 확장될 수도 있습니다. 그러나 변화는 변화일 뿐 '영상 창작자'로서 PD의 가치는 쉽게 달라지지 않을 것입니다. 더 많이 경험하고 더 많이 알아보기를 바라며 반복하고 또 반복하면 꿈은 어느새 여러분 곁에 닿아있을 것입니다.